Lapbooks im Physikunterricht

4. Auflage 2025

Inhalt: Petra Pichlhöfer & Caroline Thaller
Redaktion: Kohl-Verlag
Grafik & Satz: Kohl-Verlag
Druck: Elanders Druck, Waiblingen

Bestell-Nr. 12 412

ISBN: 978-3-96624-247-9

Bildquellen © AdobeStock.com

S. 6-16: blueringmedia; **S. 8:** New Africa; **S. 9:** Tartila (2x); **S. 10:** sedarerenlere, dark_bläde (3x), Putt; **S. 11:** wittagayut; **S. 12:** Alexander Limbach; **S. 13:** dark_blade; **S. 14:** irina, pattarastock; **S. 15:** spawn, Atlas, GB_Art, Primastock, GraphicsRF, FARBAI; **S. 16:** GraphicsRF; **S. 17-26:** meju; **S. 18:** blueringmedia, piai, meju, vectorscheffe; **S. 20:** drakonova, Fiedels; **S. 21:** Visual Generation, strichfiguren.de; **S. 22:** Yeroma (5x); **S. 23:** blueringmedia, Mila Gligoric, Djessi85, MichaelBerlin; **S. 24:** 3dwithlove (7x), Cucumba (4x); **S. 26:** pattarastock, 3dwithlove, Cucumber, wektorygrafika, flovie; **S. 27-41:** Bitter; **S. 28:** Nattle; **S. 32:** kongvector, Dian Elvina; **S. 34:** Евгений Казанцев; **S. 35** Nattle (4x), fiore26, André Karwath, Afrank99, kongvector; **S. 37:** Dragon Tiger 8 (3x); **S. 40:** T. Michel, Parilov, westermak 15, kolonko, Wavebreck Media Micro, NottyIPhone; **S. 41:** happyvector071; S. **42-53:** Rovshan; **S. 43:** leowolfert, WithanTor; **S. 44:** 3dwithlove, Igor Zakowski; **S. 45:** blueringmedia (4x); **S. 46:** Igor Zakowski; **S. 47:** blueringmedia (4x); **S. 48:** Igor Zakowski; **S. 50:** Rovshan, craftswowman, Archivector; **S. 51:** blueringmedia; **S. 54-68:** valterz; **S. 55** valterz (2x), Yeal Weiss; **S. 60:** valterz (2x), **S. 64:** Fiedels, pattarastock; **S. 65:** Yaroslav; **S. 66:** concept w, Alex White;

Bildquellen © wikipedia.com

S. 59: Alpha_Beta_Gamma_radiation; S. 65: Bad_Elster_das_heilende_Radon_Roderich Kahn, Wecker_mit_Radium_Mettness, pluto in true colour – NASA-JHU-APL_SwRI; **S. 68:** Portrait_of_Antoine-Henri_Becquerel_Paul Nadar; Marie_Curie_(Nobel-Chemie)_ Fotograv. – Generalstabens Istabens Litografiska Anstalt Stockholm; Paul Curie_ Nobel Foundation;

Bildquellen © Fotos Pichlhöfer

S. 6, S. 8 (2x), **S. 11** (2x), **S. 12** (2x), **S. 13** (2x), **S. 14**, **S. 15**, **S. 17**, **S. 19** (4x), **S. 21**, **S. 22**, **S. 23**, **S. 25** (2x), **S. 27**, **S. 29** (4x), **S. 30**, **S. 31**, **S. 32**, **S. 33** (3x), **S. 38**, **S. 39**, **S. 42**, **S. 44** (4x), **S. 45**, **S. 47**, **S. 49** (4x), **S.51**, **S. 52**, **S. 53**, **S. 54**, **S. 56** (4x), **S. 58**, **S. 59** (3x), **S. 60**, **S. 63**, **S. 66**;

Kontakt: Kohl-Verlag, An der Brennerei 37-45, 50170 Kerpen
Tel: +49 2275 331610, Mail: info@kohlverlag.de

Inhaltsverzeichnis

Vorwort: WAS SIND LAPBOOKS EIGENTLICH? 3

(Eltern-) Info / Materialliste 4

Beurteilungsraster 5

Lapbook **Magnetismus** 6

1. Deckblatt 7
2. Blume – Ferromagnetische Stoffe 8
3. Faltheft – Wechselwirkungsgesetz 9
4. Tasche – Arten von Magneten 10-11
5. Mäppchen – Kompass 12
6. Mäppchen – Elementarmagnete 13-14
7. Tasche – Experimente 15-16

Lapbook **Wetter** 17

1. Deckblatt 18
2. Mappe – Wichtige Begriffe 19-20
3. Tropfen – Niederschlag 21
4. Wolkenstapel – Wolkenarten 22
5. Kuvert – Wettermessgeräte 23-24
6. Mäppchen – Mein Beobachtungspaß 25-26

Lapbook **Strom** 27

1. Deckblatt 28
2. Fahnenstapel – Stromerzeugung 29-31
3. Faltheft – AC (Wechselspannung) – DC (Gleichspannung) 32
4. Mappe – Leiter/Nichtleiter 33-34
5. Glühbirnenstapel – Wichtige Begriffe 35
6. Kuvert – Schaltsymbole 36-37
7. Pfeil – Geschichte des Stroms 38
8. Puzzle – Ohmsches Gesetz 39
9. Tasche – Gefahren des elektrischen Stroms 40-41

Lapbook **Astronomie** 42

1. Deckblatt 43
2. Blume – Fakten über die Sonne 44
3. Tasche – Die inneren Planeten 45-46
4. Tasche – Die äußeren Planeten 47-48
5. Mappe – Wichtige Begriffe 49-50
6. Mäppchen – Der Mond 51
7. Pfeil – Geschichte der Raumfahrt 52-53

Lapbook **Radioaktivität** 54

1. Deckblatt 55
2. Mappe – Wichtige Begriffe 56-57
3. Mappe – Arten radioaktiver Strahlung 58-59
4. Fahnenstapel – Fakten: „Wusstest du ...?“ 60-62
5. Mäppchen – Kernkraftwerk 63-64
6. Tasche – Radioaktive Elemente 65-66
7. Mappe – Wer entdeckte radioaktive Elemente? 67-68

Vorwort

Was sind Lapbooks eigentlich?

Lapbooks sind eine neue und kreative Präsentationsform für individuelle Lernergebnisse. Der Trend kommt aus Amerika.

Kinder beschäftigen sich mit einem Thema und durch Basteln, Schneiden, Kleben, Schreiben, Konstruieren und Verzieren entsteht ein kleines individuelles Minibüchlein.

Im Buch sind Vorlagen für verschiedene Themen aus dem Stoff der Sekundarstufe Physik. Mit deren Hilfe können Schüler kreativ in Eigenarbeit Lapbooks erstellen. Ideal geeignet für Stationentage, offenes Lernen oder als Präsentation bei KEL-Gesprächen.

Die Themen dieses Buches sind:

1. Magnetismus
2. Wetter
3. Strom
4. Astronomie
5. Radioaktivität

Die Vorlagen können sehr differenzierend eingesetzt werden. Die Schüler sollen – je nach Kreativität und Geschick – fertige Kopiervorlagen verwenden und diese ausschneiden und zusammenkleben oder selbst ausfüllen bis hin zum eigenständigen Entwerfen von Laschen, Taschen und sonstigen Elementen.

Die fertigen Werke können beurteilt werden, dazu gibt es im Buch einen Beurteilungsraster. Auch eine Vorlage für (Eltern-)Info und Materialliste findet sich.

Es empfiehlt sich, pro Schülergruppe ein „Heftchen“ zum jeweiligen Thema zu kopieren. Das gibt dem Schüler durch die beigefügten Fotos einen Eindruck, wie die Vorlagen verwendet werden können. Auch fertige Exemplare vorzuzeigen kann neue Anregungen bieten.

Die einzelnen Elemente können dann zusätzlich kopiert werden, evtl. auf buntes oder auch stärkeres Papier.

Gutes Gelingen und viel Spaß beim kreativen Auseinandersetzen mit physikalischen Themen wünschen der Kohl-Verlag sowie die Autorinnen

Petra Pichlhöfer & Caroline Thaller

(Eltern-) Info / Materialliste

Langzeitarbeit Lapbook ______________________________

In den nächsten Physikstunden wirst du dein Lapbook gestalten. Wenn du in den Stunden nicht fertig wirst, dann stelle es als Hausaufgabe fertig.

Folgende Punkte müssen in deinem Lapbook behandelt werden:

- ______________________
- ______________________
- ______________________
- ______________________
- ______________________
- ______________________
- ______________________
- ______________________

Gewertet werden folgende Punkte:

- Fachwissen
- Deckblattgestaltung
- Selbstständigkeit
- Kreativität
- Zusatzthemen

Abgabetermin: ______________________

Materialliste:

Was brauchst du für die nächsten Physikstunden?

- 1 Schere
- 1 Klebstoff
- Klebeband
- 1 Papiermappe oder alternativ 1 buntes A3 Papier
- Verschiedene Stifte, z. B. Bunt-, Faser-, Wachsmalstifte (+ weißer Stift)
- Büroklammern
- Hefter plus Klammern
- 1 Klarsichthülle (um angefangene Papierteile sicher aufzuheben)
- Papierschnipsel, Sticker, Stanzteile, Bilder ...
  zum Thema passend zum Verzieren

Beurteilungsraster

Beurteilung

Schüler / Schülerin	
Lehrer / Lehrerin	
Ziel	Sachorientiertes Forschen und Reflektieren

LAPBOOK "________________________________"

	3 P.	2 P.	1 P.	0 P.
1. Design				
Dein Lapbook verlockt sofort zum Lesen.				
Du hast dein Lapbook kreativ gestaltet (Deckblatt, Bilder).				
Du hast ordentlich und leserlich geschrieben.				
Du hast sauber ausgeschnitten und geklebt.				
Du hast dein Lapbook übersichtlich und logisch gestaltet.				
2. Inhalt				
Deine Sachinformationen zu den Pflichtthemen sind vollständig und richtig.				
Du kennst viele Einzelheiten (Fachwissen) und zeigst diese detailliert.				
Du verwendest Fachbegriffe im Kontext richtig.				
3. Arbeitsprozess				
Du hast gründlich recherchiert und du hast aus unterschiedlichen Quellen (Sachbücher, Internet, Physikbuch) viele Informationen gefunden.				
Du hast die Anweisungen beachtet.				
Du hast die Zeit sinnvoll genutzt und bist termingerecht fertig geworden.				
Du hast dein Lapbook selbstsicher und verständlich präsentiert (Körpersprache, Inhalt und Sprache).				

Gesamtpunkte: _______ / 36 Pkt.

Beurteilung: ________________________ **Unterchrift: ________________________**

KOHL VERLAG Lapbooks im Physikunterricht Kopiervorlagen für die Sekundarstufe – Bestell-Nr. 12 412

Lapbooks Physik • Magnetismus

Für das Lapbook **Magnetismus** finden sich folgende Kopiervorlagen:

1.) Deckblatt
2.) Blume – Ferromagnetische Stoffe
3.) Faltheft – Wechselwirkungsgesetz
4.) Tasche – Arten von Magneten
5.) Mäppchen – Kompass
6.) Mäppchen – Elementarmagnete
7.) Tasche – Experimente

Verwende als Quelle das Internet, dein Physikbuch, das Lexikon oder die Schulbibliothek.

1. Deckblatt

Mein Lapbook

Name: ______________________________

Lapbooks im Physikunterricht
Kopiervorlagen für die Sekundarstufe – Bestell-Nr. 12 412
KOHL VERLAG

2. Blume – Ferromagnetische Stoffe

Aufgabe 1: *Schneide die Blume aus und falte sie an den gestrichelten Linien nach hinten. Klebe die 3 Begriffe jeweils auf die Rückseite hinter die richtigen 2 Buchstaben und den Text in die Mitte. Ergänze den Text.*

= Kobalt
= Nickel
= Eisen

____
Stoffe werden von einem Magneten
______________________.

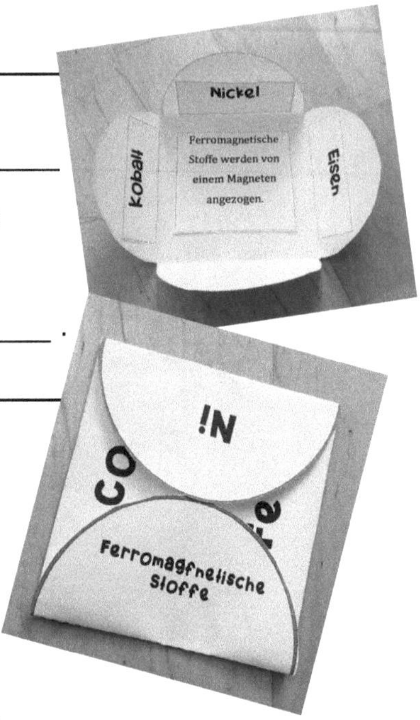

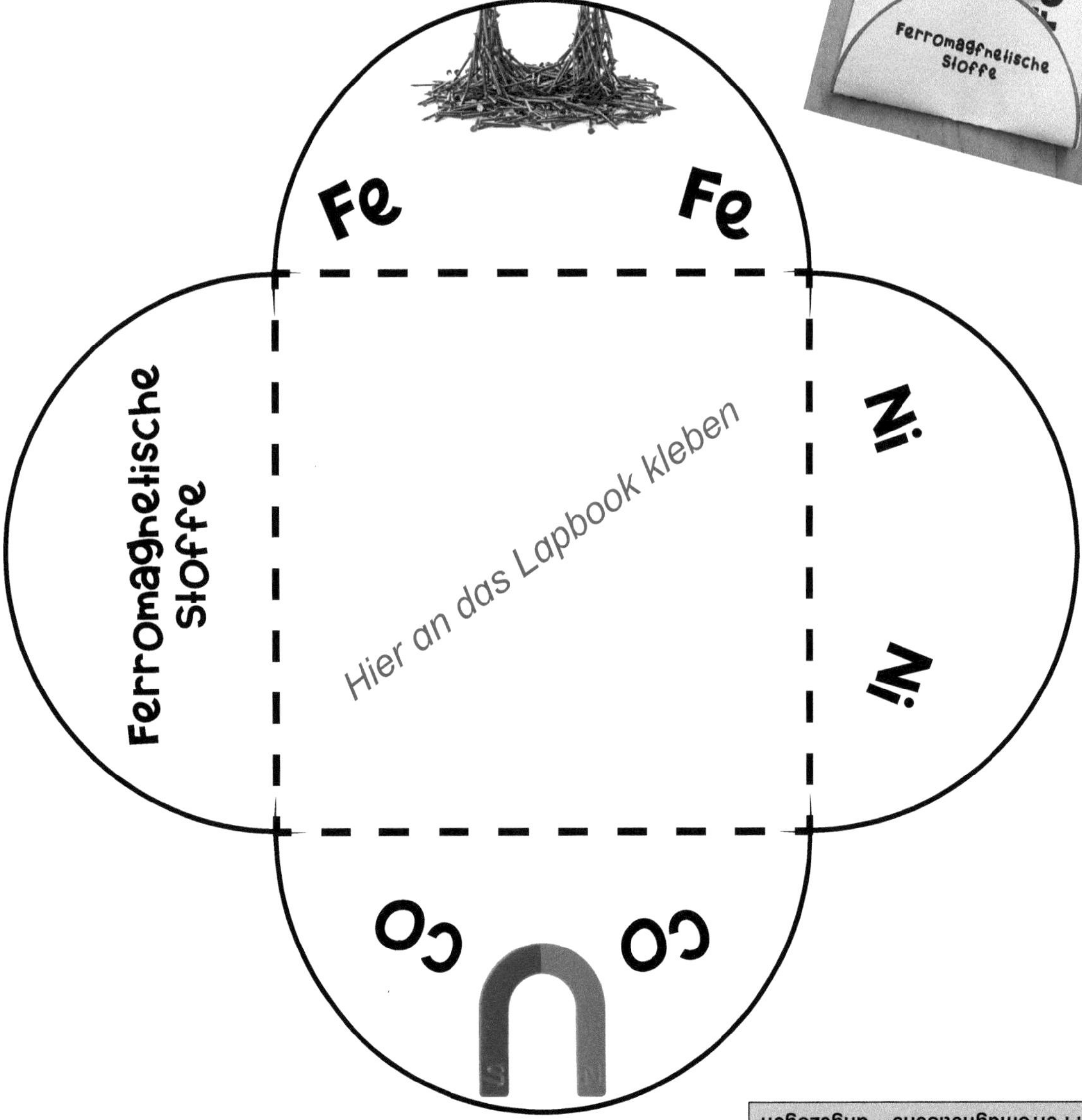

Fe Fe

Ferromagnetische Stoffe

Hier an das Lapbook kleben

Ni Ni

Co Co

Lösung: Ferromagnetische – angezogen

KOHL VERLAG
Lapbooks im Physikunterricht
Kopiervorlagen für die Sekundarstufe – Bestell-Nr. 12 412

3. Faltheft – Wechselwirkungsgesetz

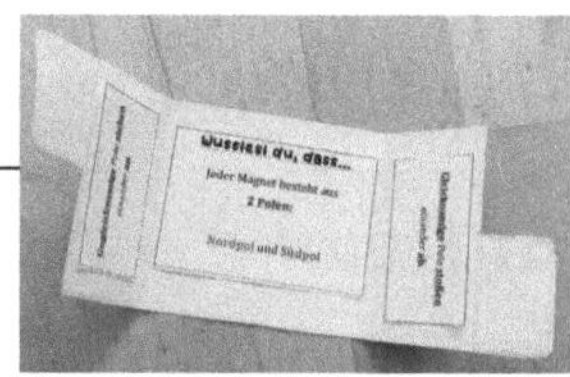

Aufgabe 2: *Schneide das Faltheft aus und falte es an den gestrichelten Linien nach hinten. Ergänze die 3 Merktexte (Lösung ganz unten) und klebe die 2 schmalen jeweils auf die Rückseite hinter den richtigen Begriff. Klebe den dritten Text in die Mitte.*

Anziehung

Hier an das Lapbook kleben

Abstoßung

______________________ Pole

______________________ einander ab.

______________________ Pole

______________________ einander an.

Wusstest du, dass ...

Jeder Magnet besteht aus

______________________ Polen:

______________________ -Pol und

______________________ -Pol.

Lösung: Gleichnamige – stoßen – Ungleichnamige – ziehen – zwei – Nord – Süd

KOHL VERLAG
Lapbooks im Physikunterricht
Kopiervorlagen für die Sekundarstufe – Bestell-Nr. 12 412

4. Tasche – Arten von Magneten

Aufgabe 3: **a)** *Schneide die Kärtchen für die Tasche aus und vervollständige sie (Lösung ganz unten).*

✂

Wusstest du das?

__________________ Magnete sind

Eisenerzstücke aus ______________.

Es gibt ________________ Magnete (z. B. Stabmagnet, Ringmagnet, Hufeisenmagnet, Magnetnadel).

Alle diese Magneten sind **immer** magnetisch, sie heißen Permanentmagneten oder

__________________.

Wusstest du das?

Magnete, die **nur mit fließendem elektrischen Strom** funktionieren, heißen

________________________________.

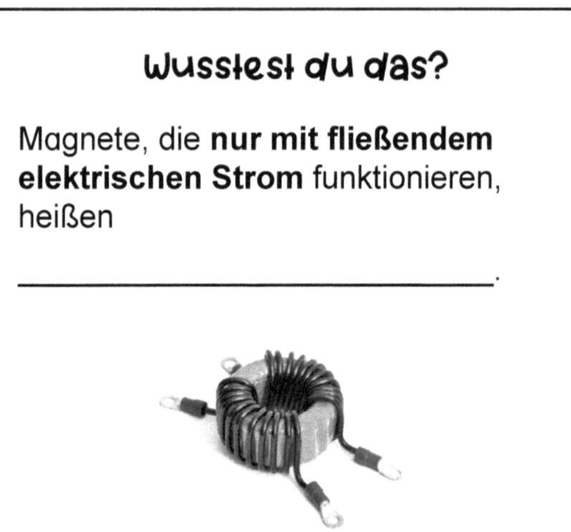

____

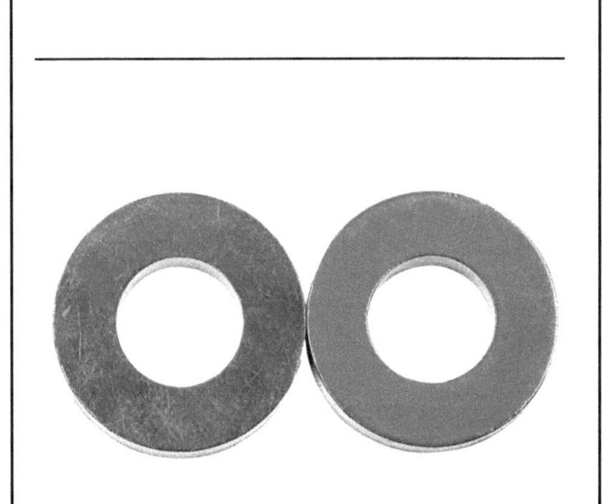

____

____

____

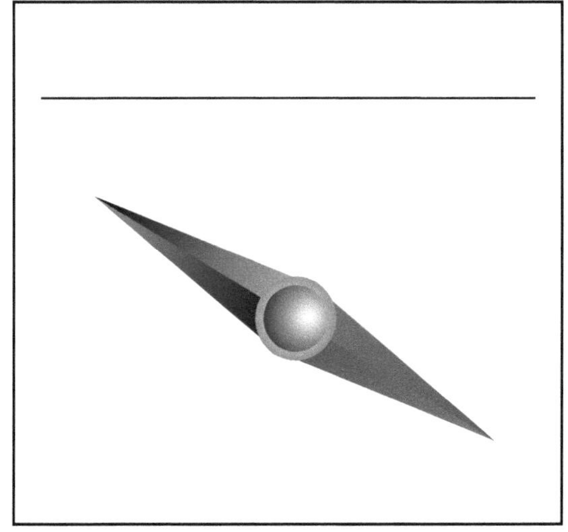

Lösung: Natürliche – Magnetsteine – künstliche – Dauermagnet – Ringmagnet – Hufeisenmagnet – Stabmagnet – Magnetnadel – Elektromagnet

KOHL VERLAG
Lapbooks im Physikunterricht
Kopiervorlagen für die Sekundarstufe – Bestell-Nr. 12 412

4. Tasche – Arten von Magneten

Aufgabe 3: **b)** *Schneide die Tasche aus, falte sie an den gestrichelten Linien nach hinten und klebe sie mit den seitlichen Klebelaschen zusammen.*

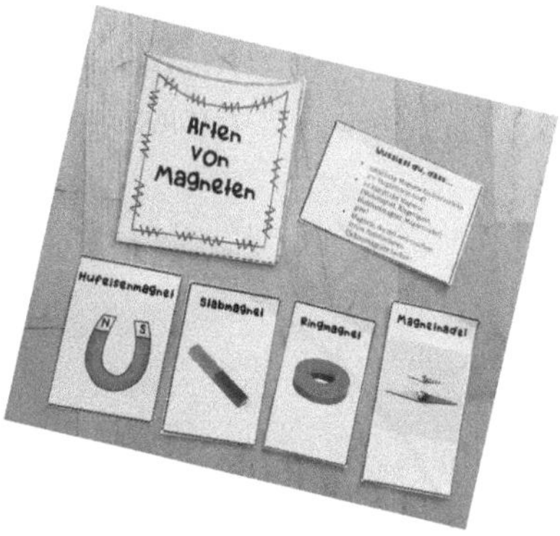

Arten von Magneten

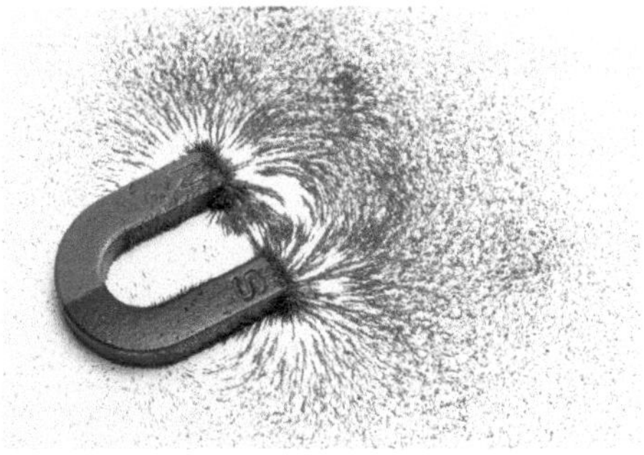

Klebelasche

Hier an das Lapbook kleben

Klebelasche

Lapbooks im Physikunterricht
Kopiervorlagen für die Sekundarstufe – Bestell-Nr. 12 412
KOHL VERLAG

5. Mäppchen – Kompass

Aufgabe 4: *Schneide den Kompass aus, falte ihn an der gestrichelten Linie nach hinten und klebe ihn mit der linken Klebelasche an das Lapbook. Ergänze den Infotext (Lösung ganz unten) und klebe ihn links auf die Klebelasche vom Kompass. Die Überschrift kommt auf die Kompassrückseite.*

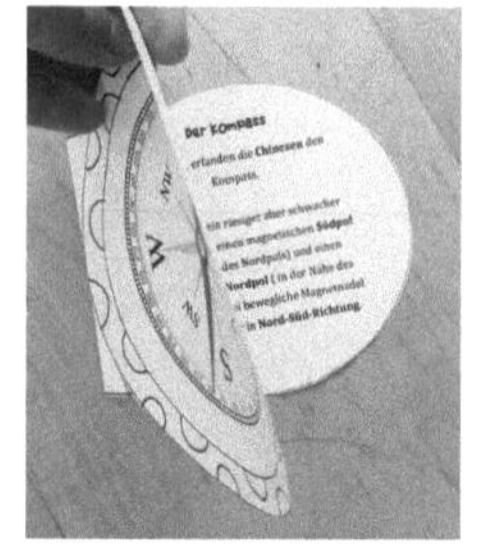

120 n. Chr. erfanden die ____________________ den Kompass.

Die __________ ist ein riesiger aber schwacher Magnet. Sie hat einen magnetischen **Südpol** in der Nähe des geografischen **Nordpols** (Arktis) und einen magnetischen ________________ in der Nähe des greographischen **Südpols** (Antarktis). Eine frei bewegliche Magnetnadel zeigt immer mit der Pfeilspitze nach _____________.

Hier an das Lapbook kleben

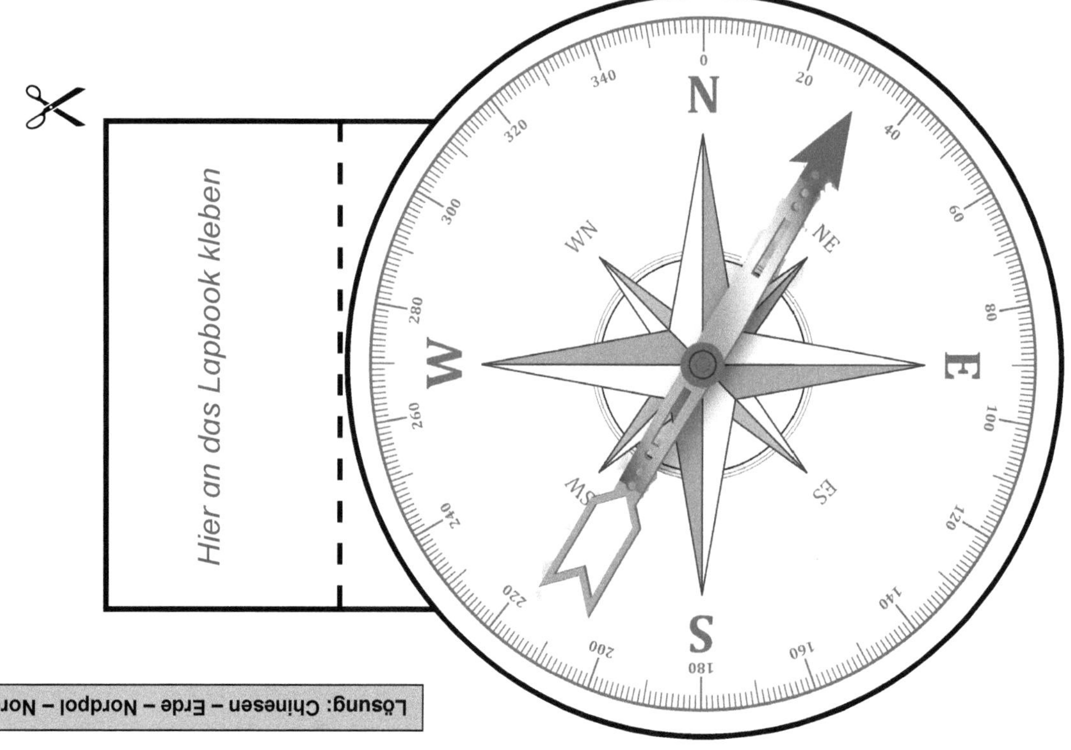

Lösung: Chinesen – Erde – Nordpol – Norden

KOHL VERLAG
Lapbooks im Physikunterricht – Bestell-Nr. 12 412
Kopiervorlagen für die Sekundarstufe

6. Mäppchen – Elementarmagnete

Aufgabe 5: *Schneide das Mäppchen auf der nächsten Seite aus und falte es an der gestrichelten Linie nach hinten. Ergänze die 2 Infotexte (Lösung ganz unten) und klebe sie jeweils auf die Rückseite oben und unten.*

✂

Ein Magnet besteht im Inneren aus

____

mit Nordpol und Südpol.

Ein Nagel aus ____________________ kann durch oftmaliges Überstreichen mit einem Magneten magnetisiert werden. Der Magnetismus wird durch

______________________________ oder

____

zerstört.

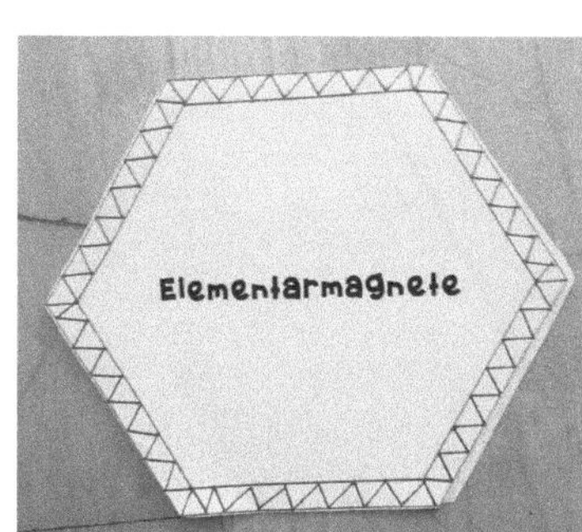

✂

Ein magnetisiertes Stück Eisen besteht im Inneren aus

____

Elementarmagneten.

Ein nicht magnetisiertes Stück Eisen besteht im Inneren aus

____

Elementarmagneten.

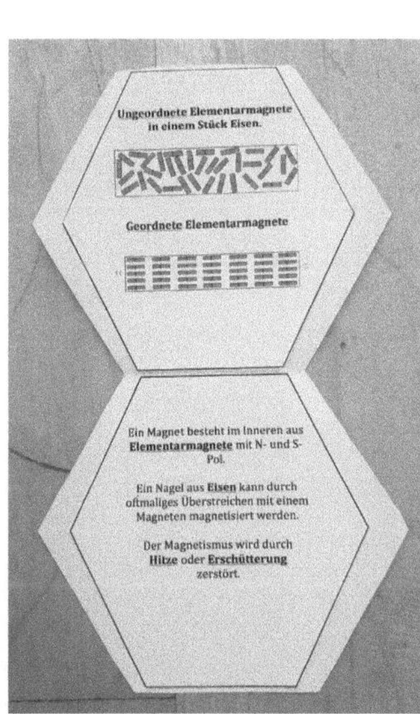

Lösung: Elementarmagneten – Eisen – Erschütterung – Hitze – geordneten – ungeordneten

Lapbooks im Physikunterricht
Kopiervorlagen für die Sekundarstufe – Bestell-Nr. 12 412

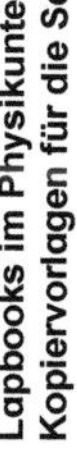

6. Mäppchen – Elementarmagnete

Hier an das Lapbook kleben

Elementarmagnete

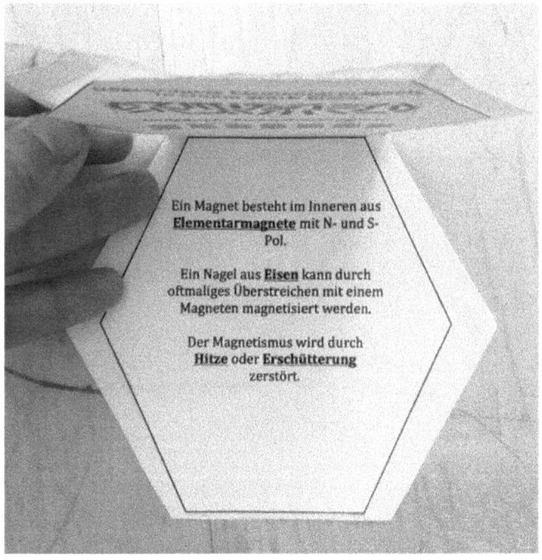

Ein Magnet besteht im Inneren aus **Elementarmagnete** mit N- und S-Pol.

Ein Nagel aus **Eisen** kann durch oftmaliges Überstreichen mit einem Magneten magnetisiert werden.

Der Magnetismus wird durch **Hitze** oder **Erschütterung** zerstört.

7. Tasche – Experimente

Aufgabe 6:

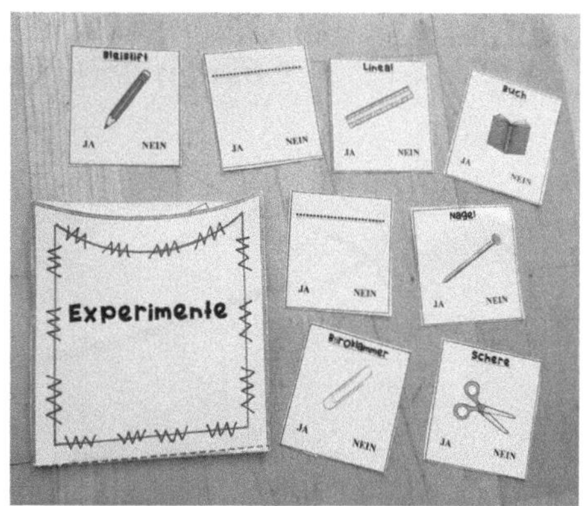

a) *Schneide die 6 Kärtchen für die Tasche aus und kreuze jeweils an, ob der Gegenstand von einem Magneten angezogen wird. Überprüfe es mit einem Magneten (Lösung ganz unten)! Mache dir noch 3 weitere Kärtchen.*

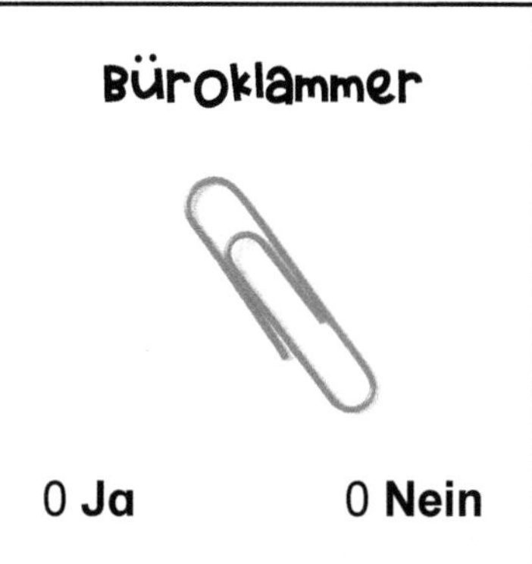

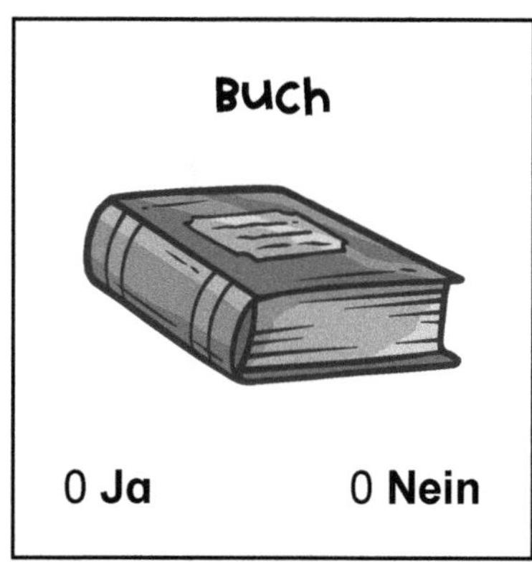

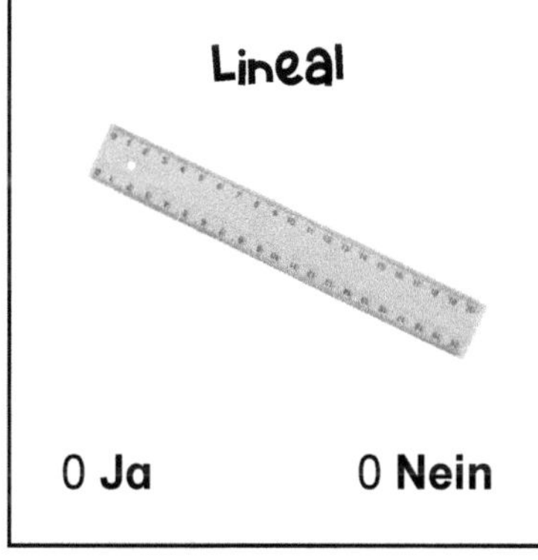

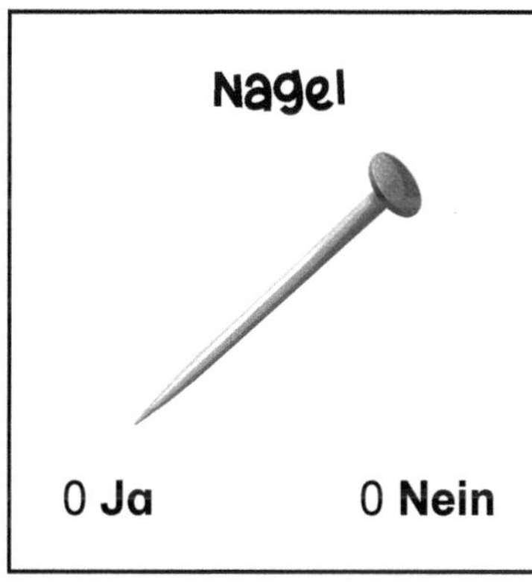

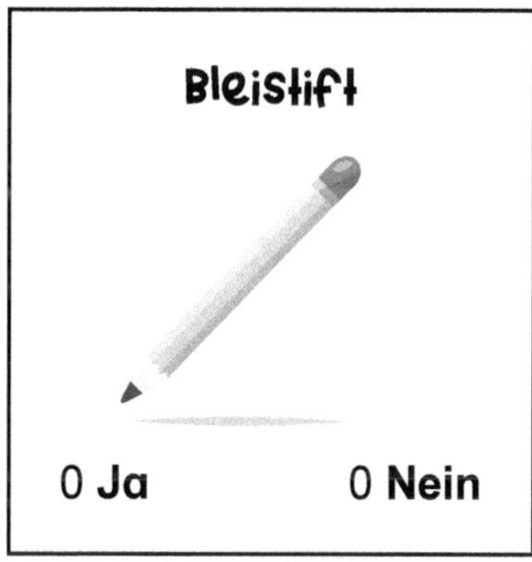

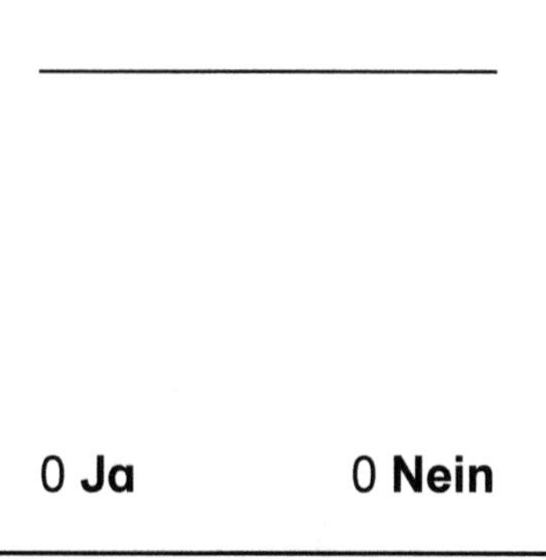

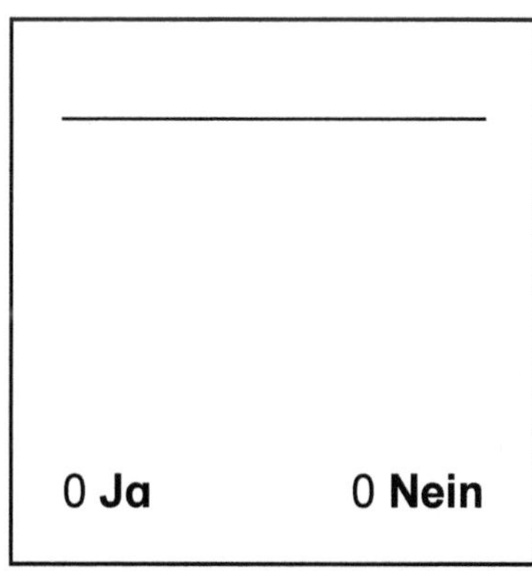

____

0 Ja 0 Nein

Lösung: Angezogen werden: Schere – Büroklammer - Nagel

Lapbooks im Physikunterricht
Kopiervorlagen für die Sekundarstufe – Bestell-Nr. 12 412

7. Tasche – Experimente

<u>Aufgabe 6</u>: b) *Schneide die Tasche aus, falte sie an den gestrichelten Linien nach hinten und klebe sie mit den seitlichen Klebelaschen zusammen.*

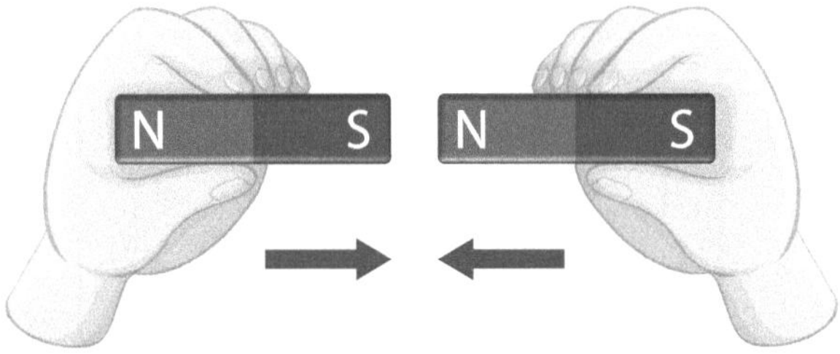

N S N S

Experimente

Klebelasche

Hier an das Lapbook kleben

Klebelasche

Für das Lapbook **Wetter** finden sich folgende Kopiervorlagen:

1.) Deckblatt
2.) Mappe – Wichtige Begriffe
3.) Tropfen – Niederschlag
4.) Wolkenstapel – Wolkenarten
5.) Kuvert – Wettermessgeräte
6.) Mäppchen – Mein Beobachtungspass

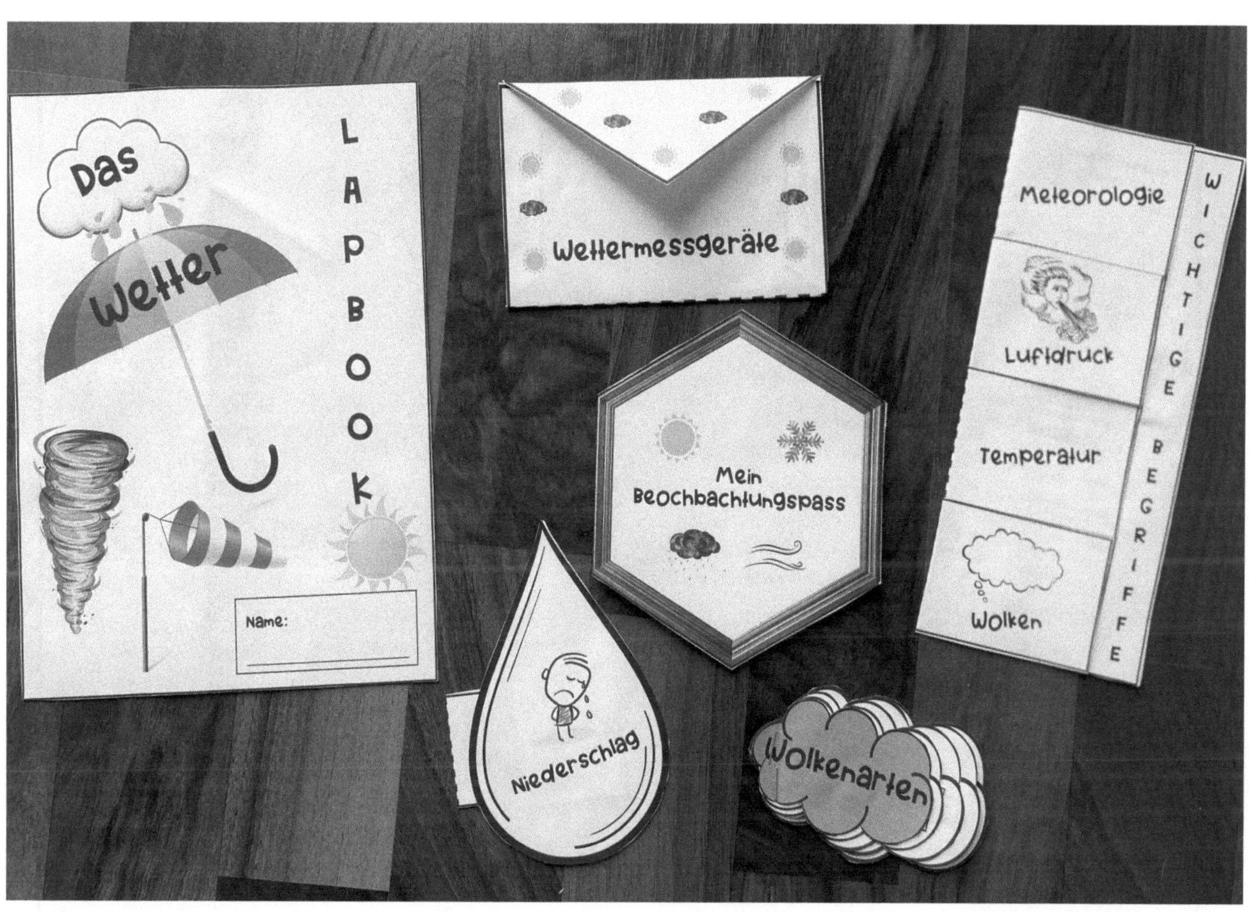

Verwende als Quelle das Internet, dein Physikbuch, das Lexikon oder die Schulbibliothek.

Lapbooks im Physikunterricht
Kopiervorlagen für die Sekundarstufe – Bestell-Nr. 12 412

1. Deckblatt

Das Wetter

L
A
P
B
O
O
K

Name:

____

Lapbooks Physik • Wetter

2. Mappe – Wichtige Begriffe

Aufgabe 1: *Schneide die Mappe auf der nächsten Seite aus (mit 4 einzelnen Klappen!) und falte sie an der gestrichelten Linie nach hinten. Klebe den langen Balken ganz rechts auf die Mappe. Ergänze die 4 Infotexte (Lösung ganz unten) und klebe sie jeweils passend links neben den Balken.*

Die Lehre von den physikalischen Vorgängen und Gesetzmäßigkeiten in der ______________ der Erde.

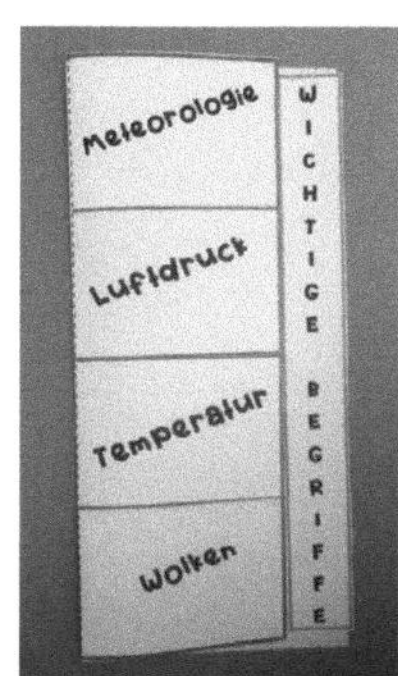

WICHTIGE BEGRIFFE

Für das Wetter ist der Luftdruck eine wichtige Größe. Bei hohem Druck herrscht meistens ______________ Wetter.

Einheit: _____ (Pascal)

Sie ist eine physikalische Größe, die mit einem ______________ gemessen werden kann. Es wird zwischen ______________-Skala und ______________-Skala unterschieden.

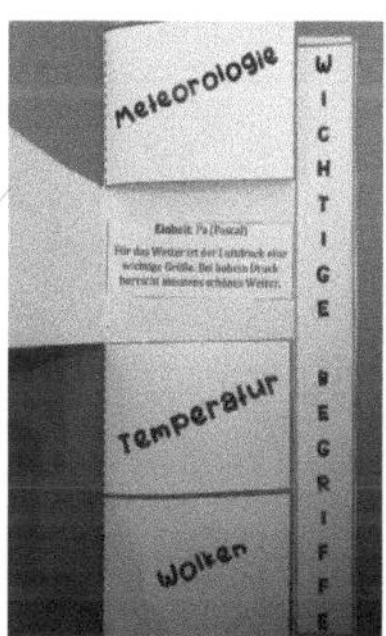

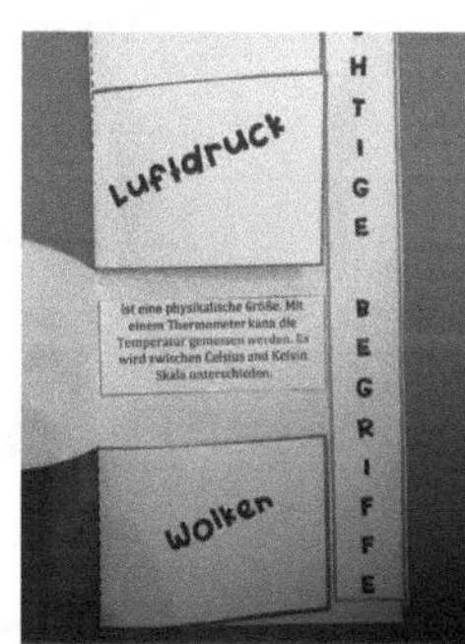

Sie sind eine Ansammlung von sehr feinen ______________ (Nebel) oder ______________ in der Atmosphäre.

Lösung: Lufthülle – schönes – Pa – Thermometer – Kelvin – Celsius – Wassertropfen – Eiskristallen

Lapbooks im Physikunterricht
Kopiervorlagen für die Sekundarstufe – Bestell-Nr. 12 412

2. Mappe – Wichtige Begriffe

3. Tropfen – Niederschlag

Aufgabe 2: *Schneide den Tropfen aus und falte ihn an der gestrichelten Linie nach hinten. Trage jeweils in den Kasten verschiedene Arten von festem/flüssigem Niederschlag ein (Lösung ganz unten). Klebe die Kästen auf die Innenseiten des Tropfens.*

Fester Niederschlag

____________________,

____________________,

____________________,

____________________,

Flüssiger Niederschlag

____________________,

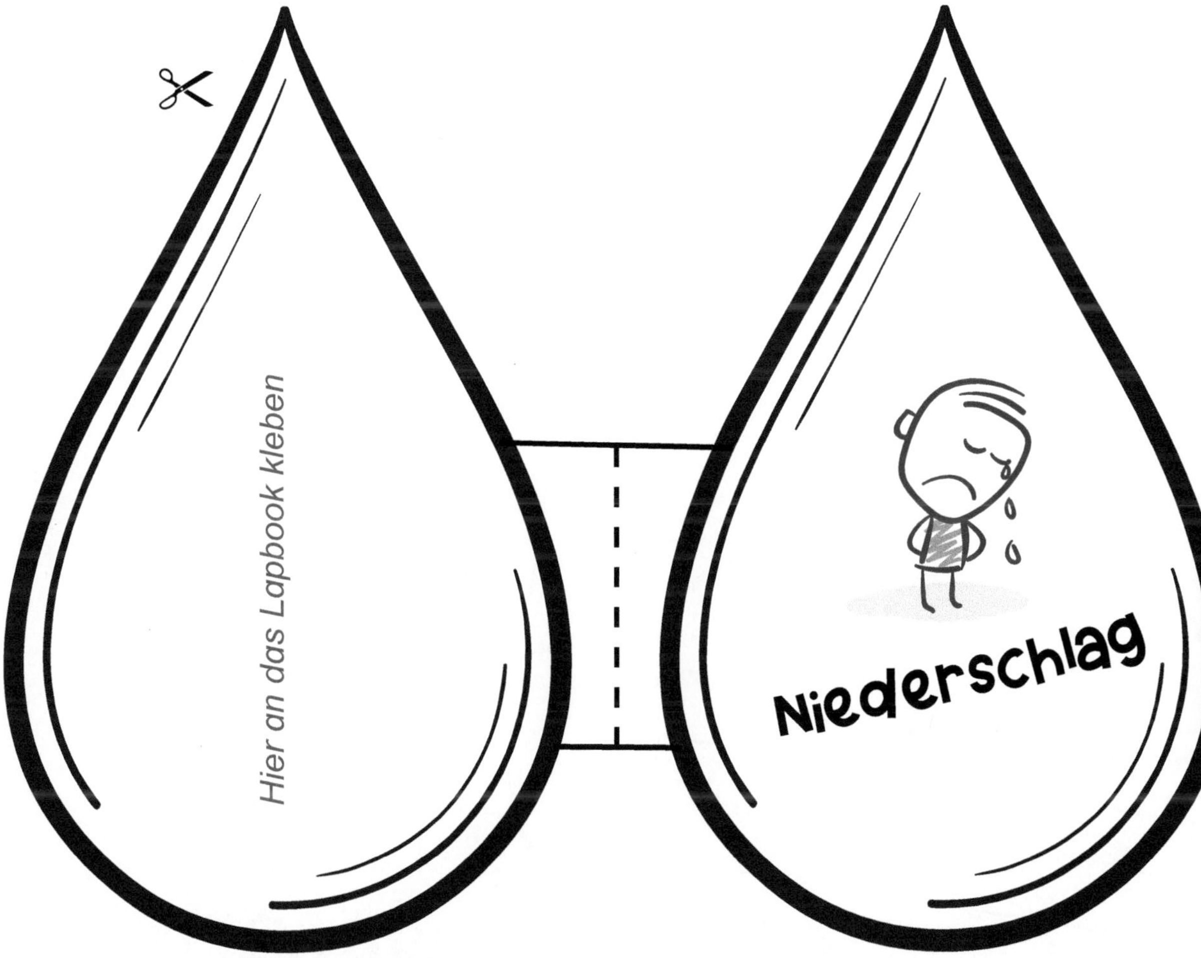

____________________,

____________________,

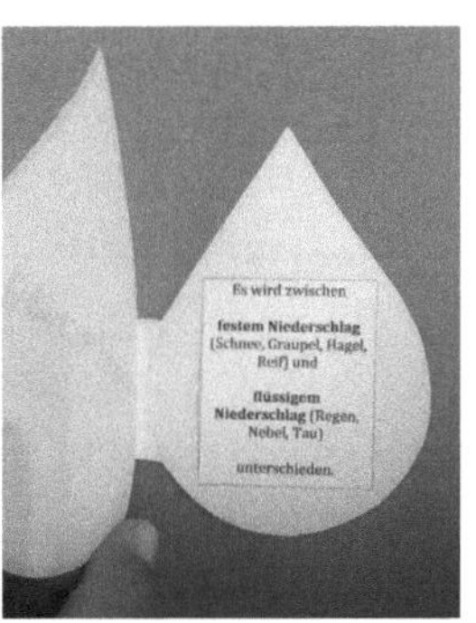

Hier an das Lapbook kleben

Niederschlag

Lösung: Fest: Schnee, Hagel, Graupel, Reif • Flüssig: Regen, Tau, Nebel

KOHL VERLAG
Lapbooks im Physikunterricht
Kopiervorlagen für die Sekundarstufe – Bestell-Nr. 12 412

4. Wolkenstapel – Wolkenarten

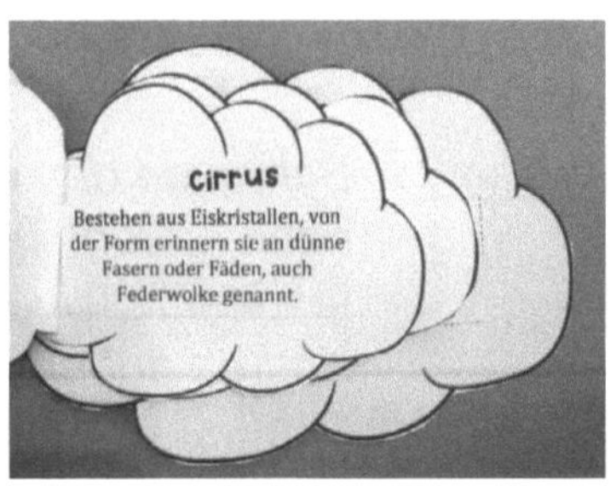

Aufgabe 3: *Schneide die 5 Wolken aus, lege sie aufeinander (oben die kleinste usw.) und hefte sie links zusammen. Klebe die 4 Beschreibungen passend auf die 4 Wolkenarten.*

✂

Sie werden auch als Hochnebel bezeichnet, sie haben keine Struktur und zeigen in der Regel eine unruhige Wetterlage an.

Sie sind dichte Haufenwolken, auch Schönwetterwolken genannt.

Sie bestehen aus Eiskristallen, von der Form erinnern sie an dünne Fasern oder Fäden, auch Federwolken genannt.

Sie sind dichte, meist dunkelgraue Wolkenschichten, die auch als Regenwolken bezeichnet werden.

✂

Cirrus

Cumulus

Nimbostratus

Stratus

Wolkenarten

5. Kuvert – Wettermessgeräte

Aufgabe 4: a) *Schneide die Kärtchen für das Kuvert aus und vervollständige sie (Lösung ganz unten).*

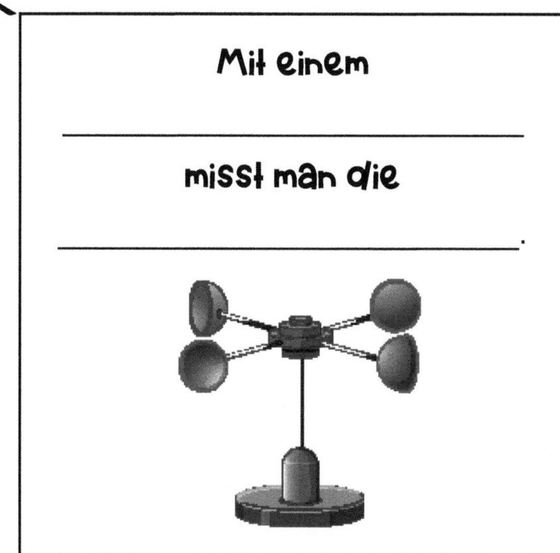

Mit einem

____

misst man die

____________________.

Mit einem

____

misst man die

____________________.

Mit einem

____

misst man die

____________________.

Mit einem

____

misst man die

____________________.

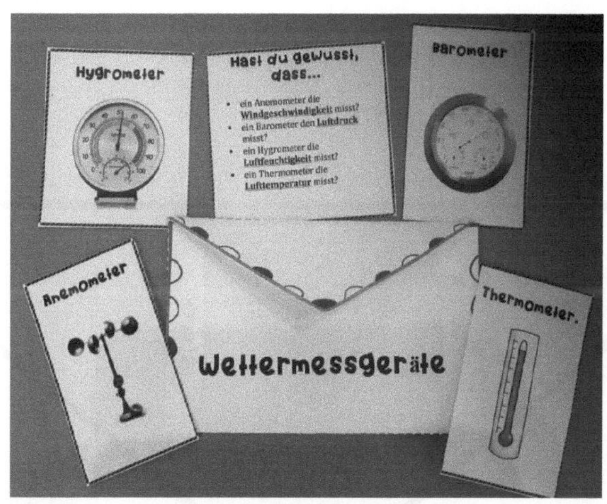

Lösung: Anemometer – Windgeschwindigkeit – Barometer – Luftdruck – Thermometer – Temperatur – Hygrometer – Luftfeuchtigkeit

Lapbooks im Physikunterricht
Kopiervorlagen für die Sekundarstufe – Bestell-Nr. 12 412

5. Kuvert – Wettermessgeräte

Aufgabe 4: **b)** *Schneide das Kuvert aus, falte es an den gestrichelten Linien nach hinten und klebe es mit den seitlichen Klebelaschen zusammen.*

✂

Wettermessgeräte

Klebelasche

Hier an das Lapbook kleben

Klebelasche

KOHL VERLAG
Lapbooks im Physikunterricht
Kopiervorlagen für die Sekundarstufe – Bestell-Nr. 12 412

6. Mäppchen – Mein Beobachtungspass

Aufgabe 5: *Schneide deinen Beobachtungspass auf der nächsten Seite aus und falte ihn an der gestrichelten Linie nach hinten. Klebe die Tabelle in den Pass hinein. Beobachte das Wetter an 3 Tagen und fülle die Tabelle entsprechend aus.*

✂

	Tag 1	Tag 2	Tag 3
Datum			
Temperatur			
Wolkenart			
Niederschlag			
Luftdruck			
Luft-feuchtigkeit			

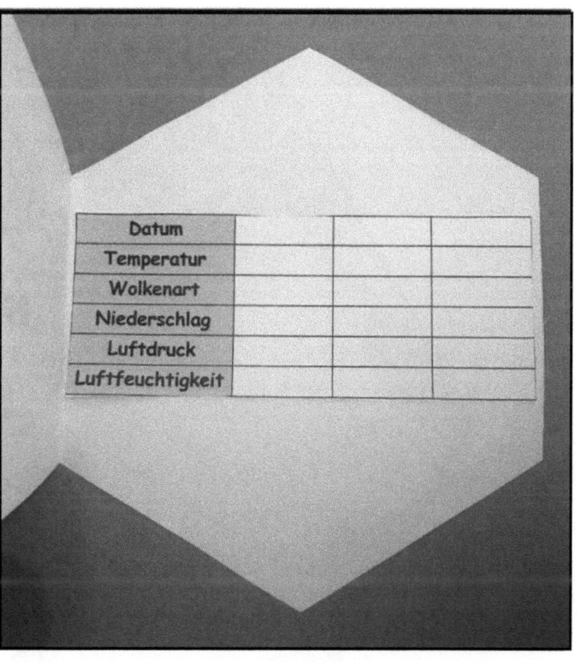

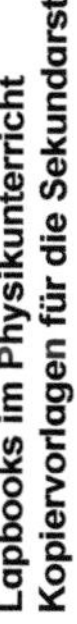

6. Mäppchen – Mein Beobachtungspass

Hier an das Lapbook kleben

Mein Beobachtungspass

Lernen mit Erfolg KOHL VERLAG Lapbooks im Physikunterricht
Kopiervorlagen für die Sekundarstufe ▪ Bestell-Nr. 12 412

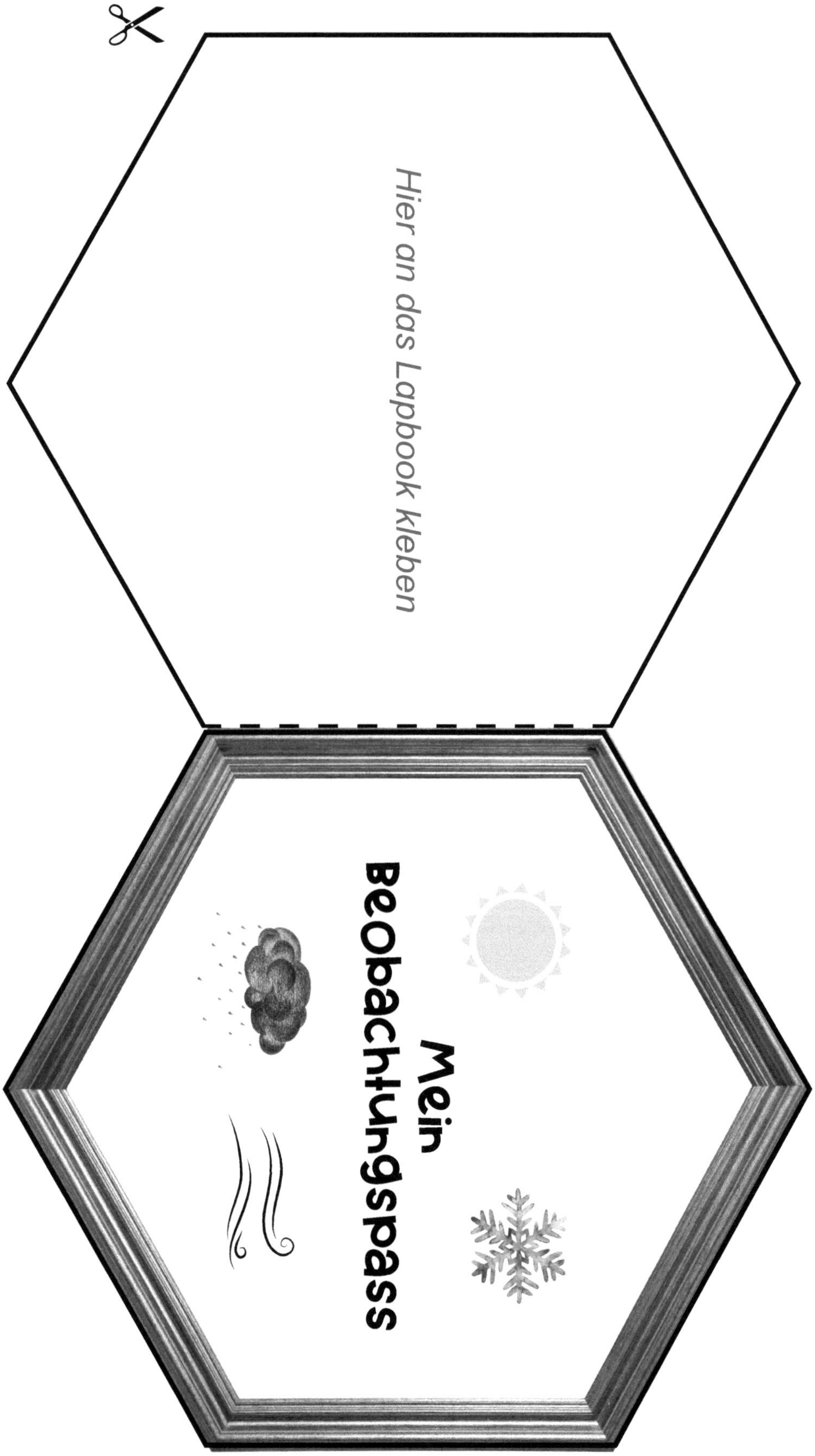

Lapbooks Physik • Strom

Für das Lapbook **Strom** finden sich folgende Kopiervorlagen:

1.) Deckblatt
2.) Fahnenstapel – Stromerzeugung
3.) Faltheft – AC (Wechselspannung) – DC (Gleichspannung)
4.) Mappe – Leiter/Nichtleiter
5.) Glühbirnenstapel – Wichtige Begriffe
6.) Kuvert – Schaltsymbole
7.) Pfeil – Geschichte des Stroms
8.) Puzzle – Ohmsches Gesetz
9.) Tasche – Gefahren des elektrischen Stroms

Verwende als Quelle das Internet, dein Physikbuch, das Lexikon oder die Schulbibliothek.

1. Deckblatt

Mein

L A P B O O K

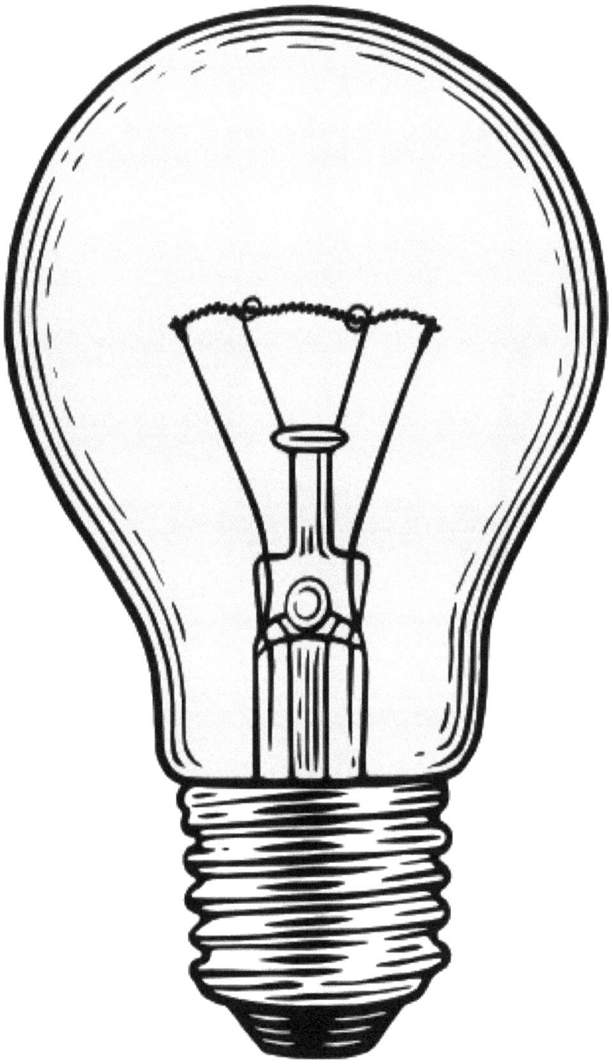

S T R O M

Name:

____

KOHL VERLAG Lernen mit Erfolg
Lapbooks im Physikunterricht

2. Fahnenstapel – Stromerzeugung

Aufgabe 1: *Die 7 Texte erklären jeweils die Funktionsweise eines Kraftwerks zur Erzeugung elektrischer Energie. Schneide die Texte aus und klebe sie auf die richtigen Fahnen (nächste und übernächste Seite).*
Schneide die Fahnen aus, loche die Kreismarkierungen und verbinde so den Fahnenstapel mit einer Splinte (erste Fahne nach oben).
Suche im Internet nach weiteren Informationen zur Stromerzeugung.

Durch eine gesteuerte Kernspaltung wird thermische Energie freigesetzt, die dann in elektrische Energie umgewandelt wird.

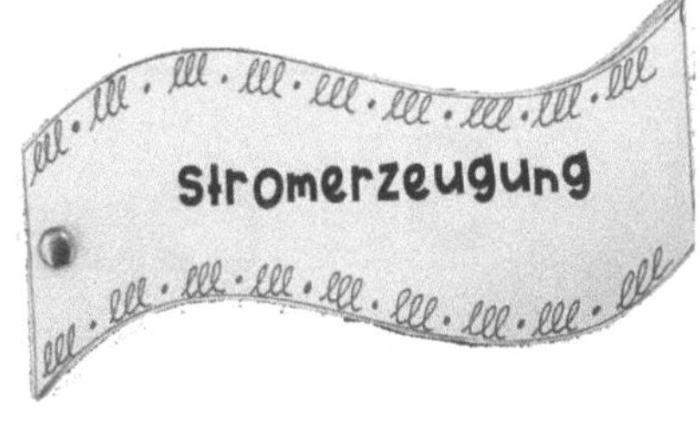

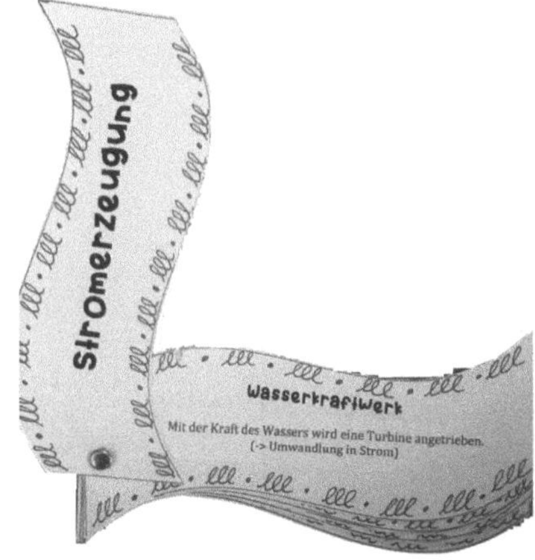

Die Strahlungsenergie der Sonne wird mit Solarzellen in elektrische Energie umgewandelt (Photovoltaik). [Mit Sonnenkollektoren wird nur Wärmeenergie (warmes Wasser) erzeugt.]

Die kinetische Energie der Luft (Windenergie) wird in elektrische Energie umgewandelt. Windräder werden entweder im Meer oder auf dem Land (Windpark) aufgestellt.

Mit der Kraft des Wassers wird eine Turbine angetrieben → Umwandlung in Strom.

Durch tiefe Bohrungen in den Erdboden kann die Wärme der Erde genutzt werden, um Strom zu erzeugen. Dabei fließt Wasser über heiße Steine, der aufsteigende Dampf wird dann in Strom umgewandelt.

Durch Verbrennung von Kohle, Erdgas oder Erdöl wird elektrische Energie gewonnen. Hat keine Zukunft, weil die Rohstoffe ausgehen werden.

Biomasse (Biomüll, Altholz, Mist, pflanzliches Treibgut) verrottet. → Ein Biogas entsteht.
→ Durch Verbrennung dieses Gases entsteht Strom.

Lapbooks im Physikunterricht
Kopiervorlagen für die Sekundarstufe – Bestell-Nr. 12 412

2. Fahnenstapel – Stromerzeugung

Stromerzeugung

Wasserkraftwerk

Biomassekraftwerk

Windkraftanlage

KOHL VERLAG
Lapbooks im Physikunterricht

2. Fahnenstapel – Stromerzeugung

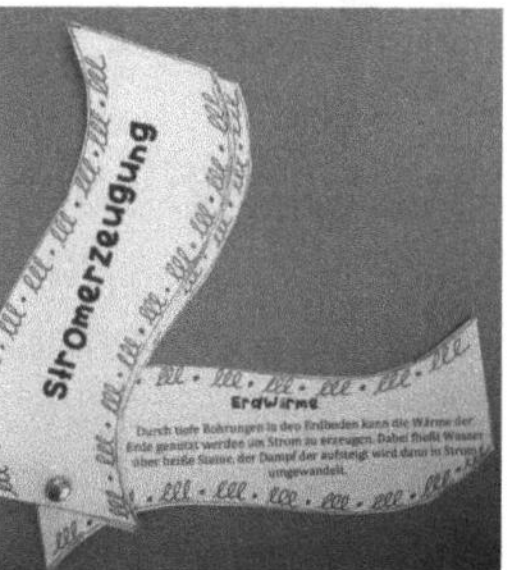

Solaranlagen

Wärmekraftwerk

Erdwärme

Atomkraftwerk

3. Faltheft – AC (Wechselspannung) – DC (Gleichspannung)

Aufgabe 2: *Schneide das Faltheft aus und falte es an den gestrichelten Linien nach hinten. Klebe die 2 Begriffe jeweils auf die Rückseite hinter die richtigen 2 Buchstaben AC oder DC. Klebe die Beispiele in die Mitte dazu passend auf richtiger Höhe daneben.*

Beispiele DC	**Beispiele AC**
• Batterie • Straßenbahn • U-Bahn	• Steckdose • Eisenbahn in Deutschland, Österreich, Schweiz

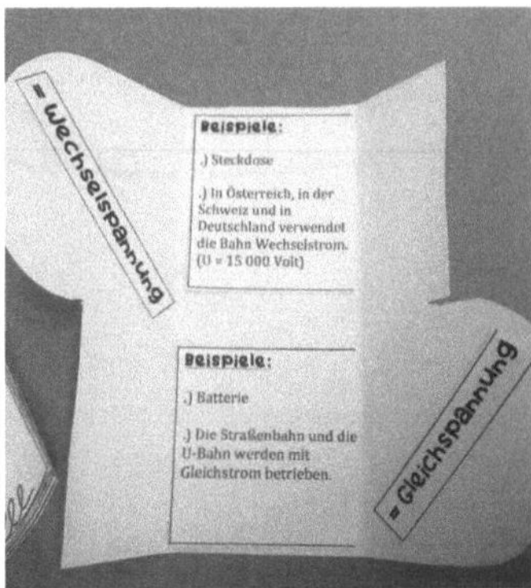

= Gleichspannung	= Wechselspannung

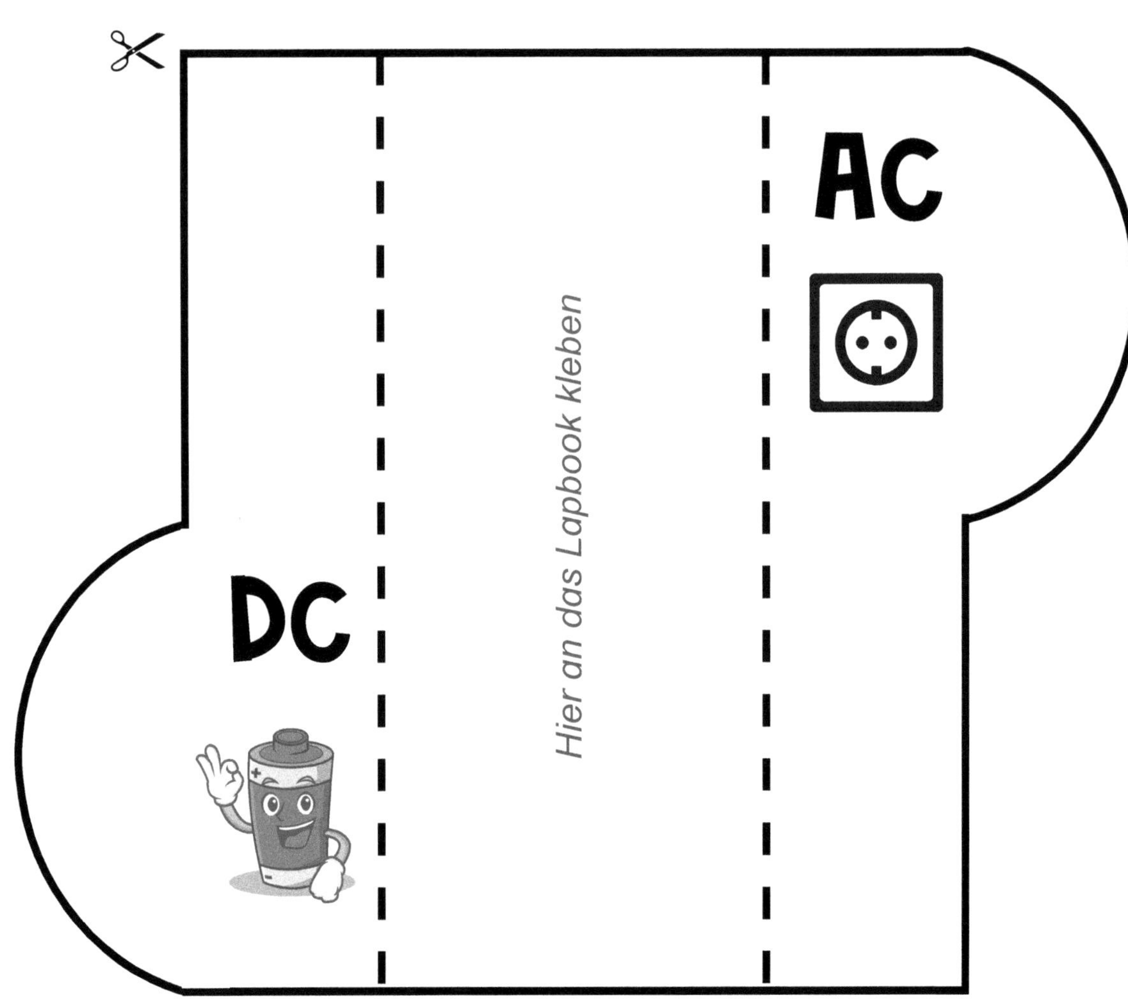

4. Mappe – Leiter/Nichtleiter

__Aufgabe 3__: *Schneide die Mappe auf der nächsten Seite aus (mit 2 einzelnen Klappen!) und falte sie an der gestrichelten Linie nach hinten. Ergänze die 4 Merktexte (Lösung ganz unten) und klebe sie jeweils auf die Rückseite oben und unten an die richtige Stelle. Male die Glühbirnen sinnvoll an.*

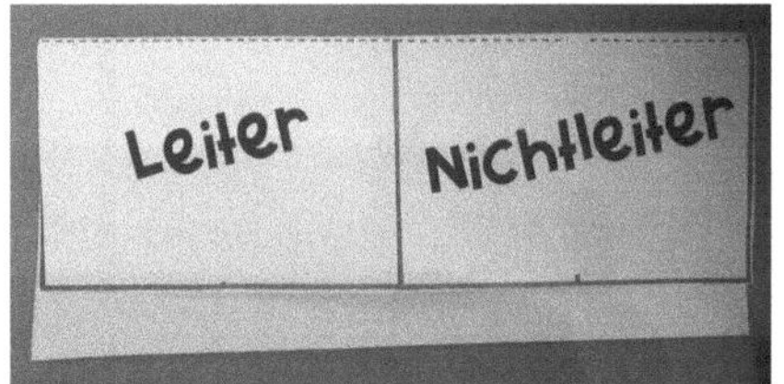

= Isolatoren

sind Stoffe, durch die der elektrische Strom

____

kann.

Das musst du wissen ...

Metalle (z. B. Kupfer, Silber, Aluminium)

und **Graphit** sind sehr gute

____

Leitungskabel sind meistens aus **Kupfer.**

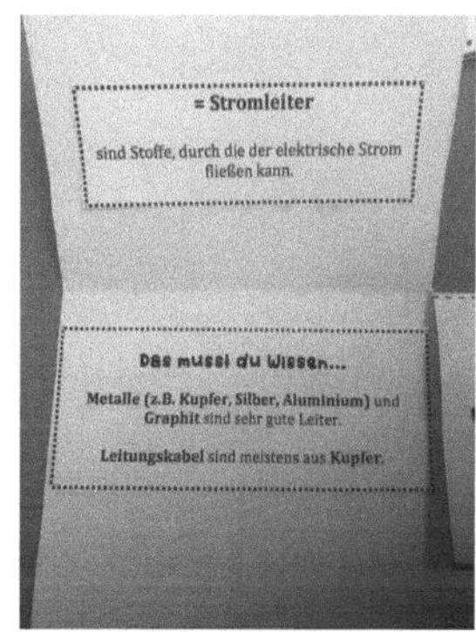

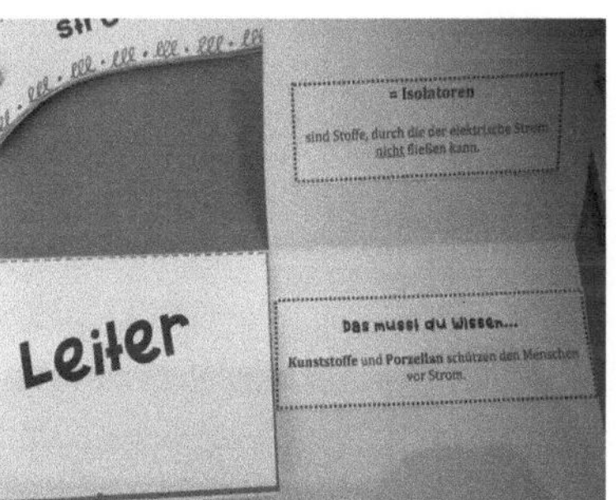

= Stromleiter

sind Stoffe, durch die der elektrische Strom

____

kann.

Das musst du wissen ...

Kunststoffe und **Porzellan** schützen den Menschen vor

____

Lösung: nicht fließen – Leiter – fließen – Strom

4. Mappe – Leiter/Nichtleiter

Leiter

Nichtleiter

Hier an das Lapbook kleben

KOHL VERLAG
Lapbooks im Physikunterricht
Kopiervorlagen für die Sekundarstufe – Bestell-Nr. 12 412

5. Glühbirnenstapel – Wichtige Begriffe

Aufgabe 4: *Schneide die Glühbirnen aus und schreibe jeweils auf die Rückseite den zum Bild passenden Text. Die Lasche unten wird geknickt und in das Lapbook eingeklebt.*

Batterie: Spannungsquelle, in der elektrische Energie in Chemikalien gespeichert ist.

Generator: Wie ein großer Fahrraddynamo, wandelt Bewegungsenergie in elektrische Energie um.

Sicherung: Sollbruchstelle im Stromkreis bei Überlastung

LED: Light Emitting Diode, also eine lichtabstrahlende Diode

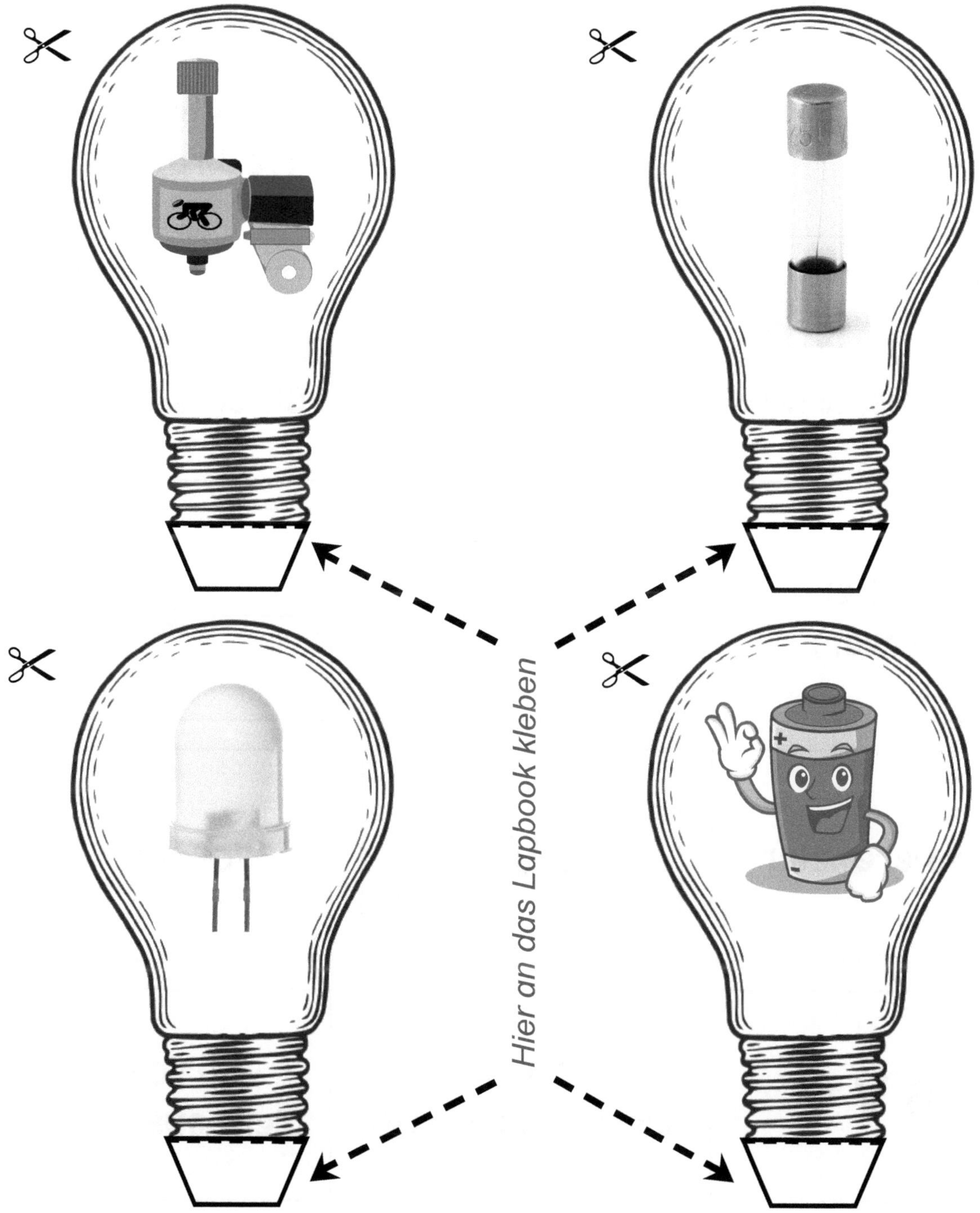

Hier an das Lapbook kleben

Lapbooks im Physikunterricht
Kopiervorlagen für die Sekundarstufe – Bestell-Nr. 12 412
KOHL VERLAG

6. Kuvert – Schaltsymbole

Aufgabe 5: a) *Schneide die Rechtecke aus und klebe jeweils 2 zueinander passende mit den Rückseiten zusammen. Du erhältst 9 Kärtchen zum Einstecken in das Kuvert auf der nächsten Seite.*

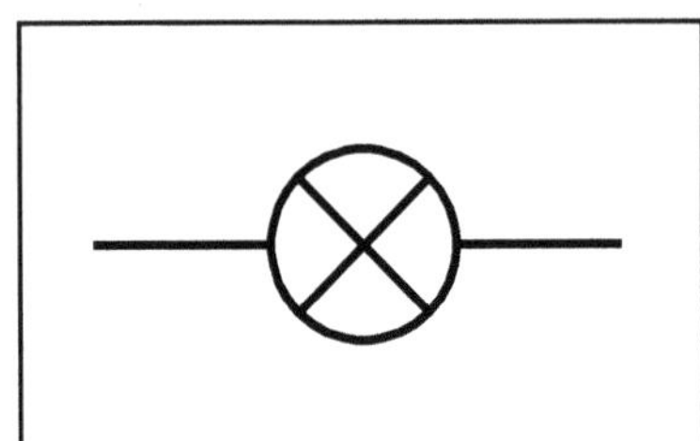	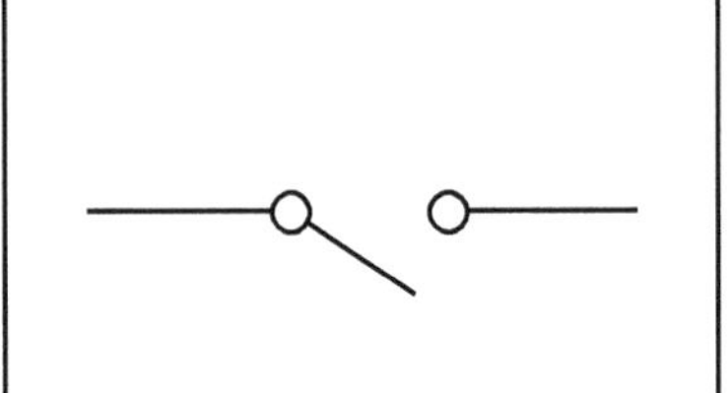	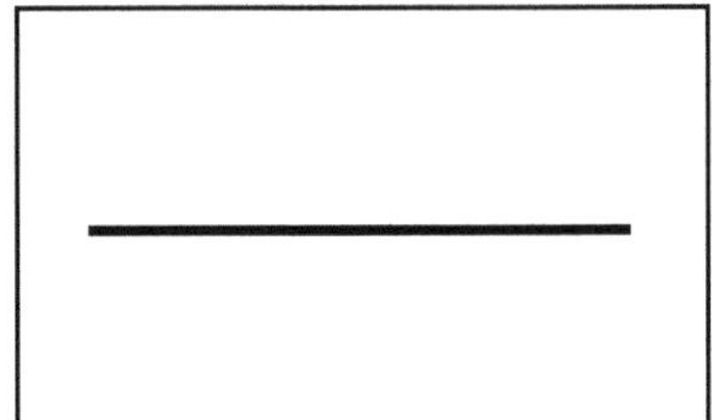
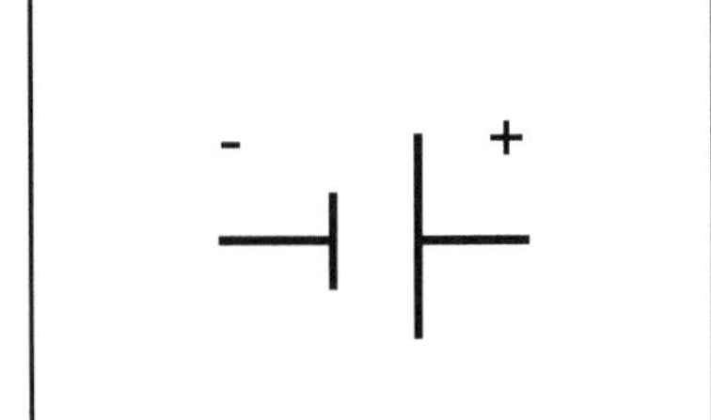	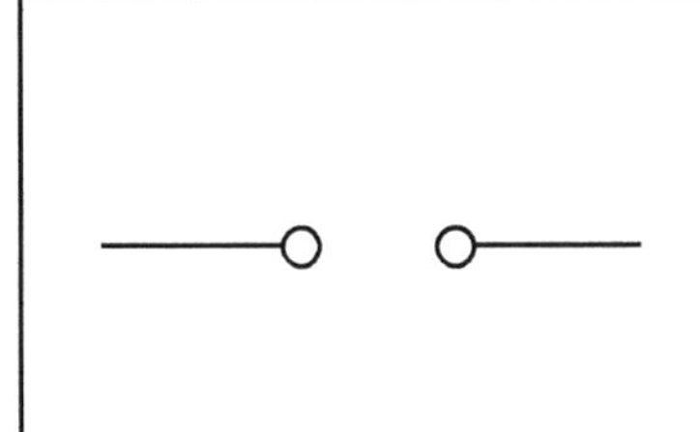	Glühbirne (Verbraucher)
Spannungsquelle Wechselspannung	Schalter offen	Spannungsquelle Gleichspannung
Kabel (Leiter)	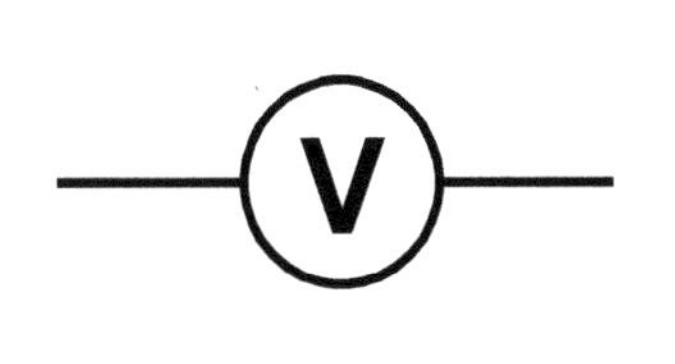	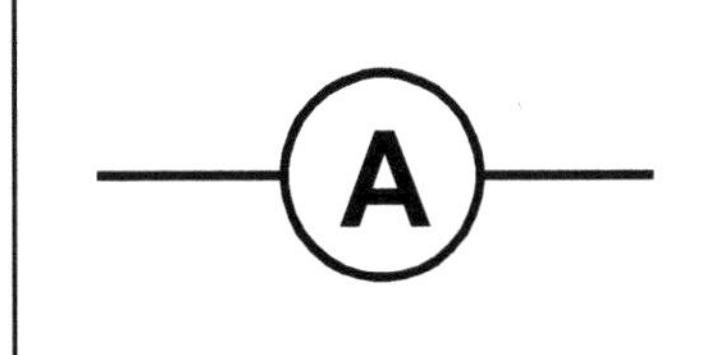
Amperemeter	6 V ~	Voltmeter
6 V =	6 Volt Wechselspannung	6 Volt Gleichspannung

6. Kuvert – Schaltsymbole

Aufgabe 5: **b)** *Schneide das Kuvert aus, falte es an den gestrichelten Linien nach hinten und klebe es mit den seitlichen Klebelaschen zusammen.*

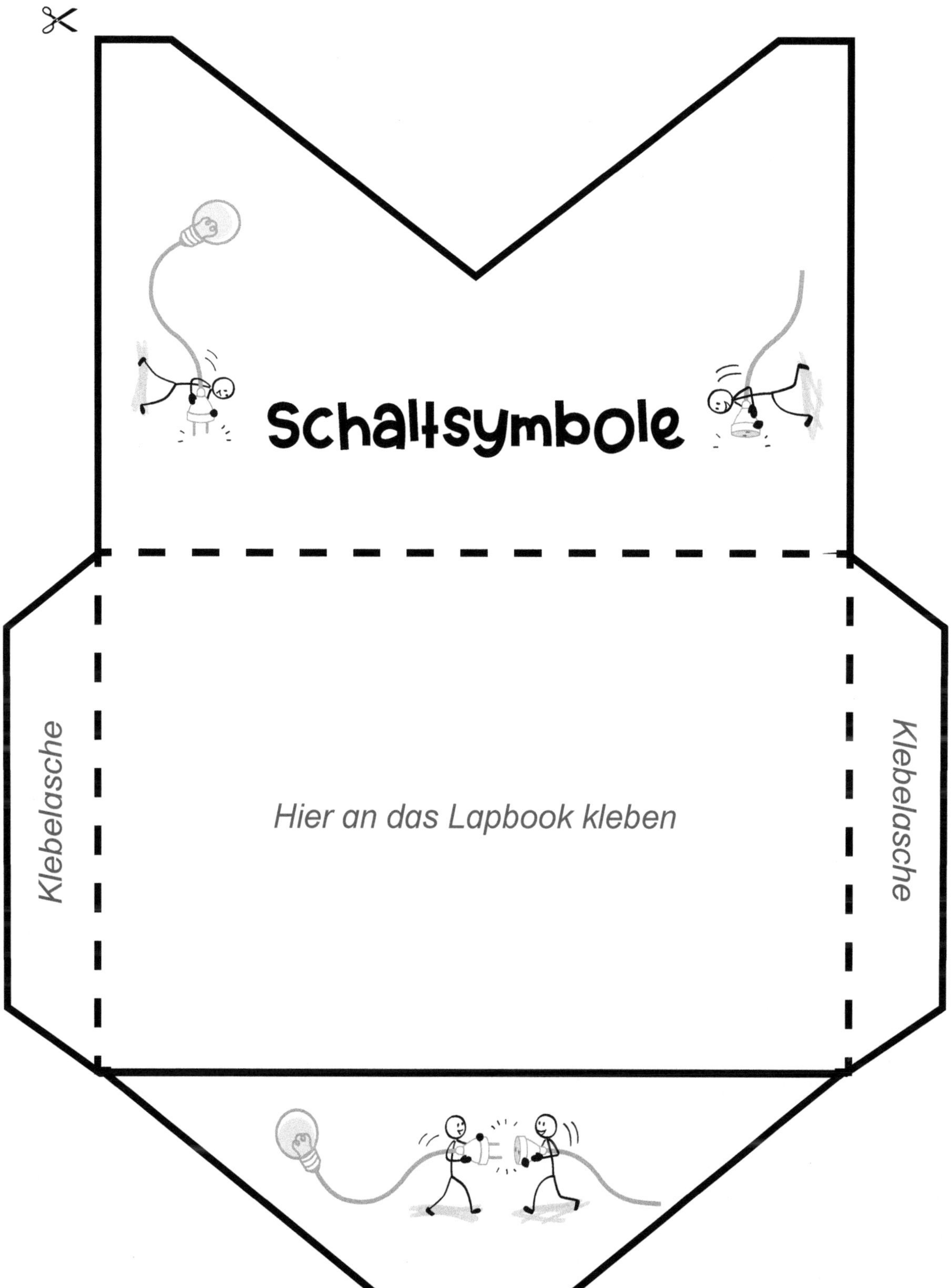

Schaltsymbole

Klebelasche

Hier an das Lapbook kleben

Klebelasche

Lapbooks im Physikunterricht – Bestell-Nr. 12 412
Kopiervorlagen für die Sekundarstufe
KOHL VERLAG

7. Pfeil – Geschichte des Stroms

<u>Aufgabe 6</u>: *Schneide die Textfelder aus und klebe sie in der richtigen zeitlichen Reihenfolge auf den Pfeil. Schneide den Pfeil aus, knicke die oberste gestrichelte Linie nach hinten, die nächste nach vorn und so weiter (Ziehharmonika).*

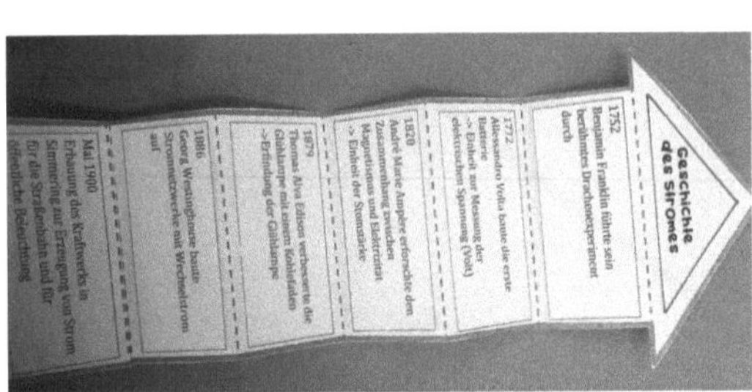

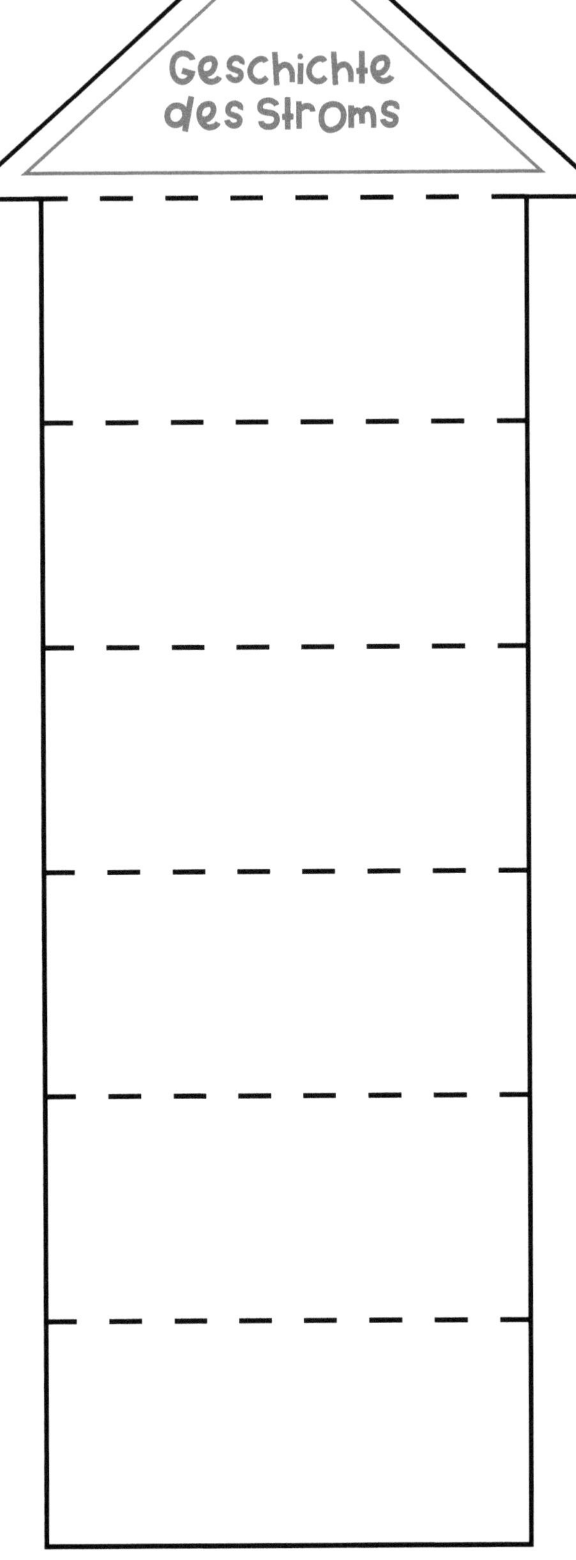

1820
André Marie Ampère erforschte den Zusammenhang zwischen Magnetismus und Elektrizität.
→ Einheit der Stomstärke: Ampère

1752
Benjamin Franklin führte sein berühmtes Drachenexperiment durch.

1886
Georg Westinghouse baute Stromnetz-werke mit Wechselstrom auf.

1879
Thomas Alva Edison verbesserte die Glühlampe mit einem Kohlefaden.
→ Erfindung der Glühlampe

1772
Allessandro Volta baute die erste Batterie.
→ Einheit der Spannung: Volt

Mai 1900
Erbauung des Kraftwerks in Simmering zur Erzeugung von Strom für die Straßenbahn und für die öffentliche Beleuchtung.

8. Puzzle – Ohmsches Gesetz

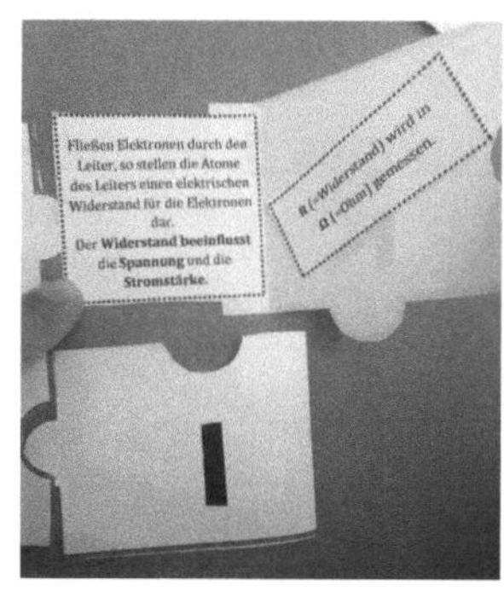

Aufgabe 7: *Schneide die 3 Puzzle-Teile aus, falte sie an den gestrichelten Linien nach hinten und klebe sie mit den seitlichen Klebelaschen an das Lapbook. Ergänze die 6 Merktexte (Lösung ganz unten) und klebe sie jeweils einmal auf die Rückseite des Puzzle-Teils und einmal dahinter auf die Klebelasche.*

Fließen Elektronen durch den Leiter, so stellen die Atome des Leiters einen elektrischen **Widerstand = ______** für die Elektronen dar. **Der Widerstand beeinflusst die Spannung und die Stromstärke.**	Die elektrische **Stromstärke = ______** gibt an, **wie viele Elektronen pro Sekunde** durch einen Leiter fließen.	Zwischen dem Pluspol (+) und dem Minuspol (-) einer Batterie herrscht **eine Spannung = ______.** Diese ist bei geschlossenem Stromkreis **die Ursache für das Fließen von Elektronen.**
I = ______________ wird in A = ______________ gemessen.	U = ______________ wird in V = ______________ gemessen.	R = ______________ wird in Ω = ______________ gemessen.

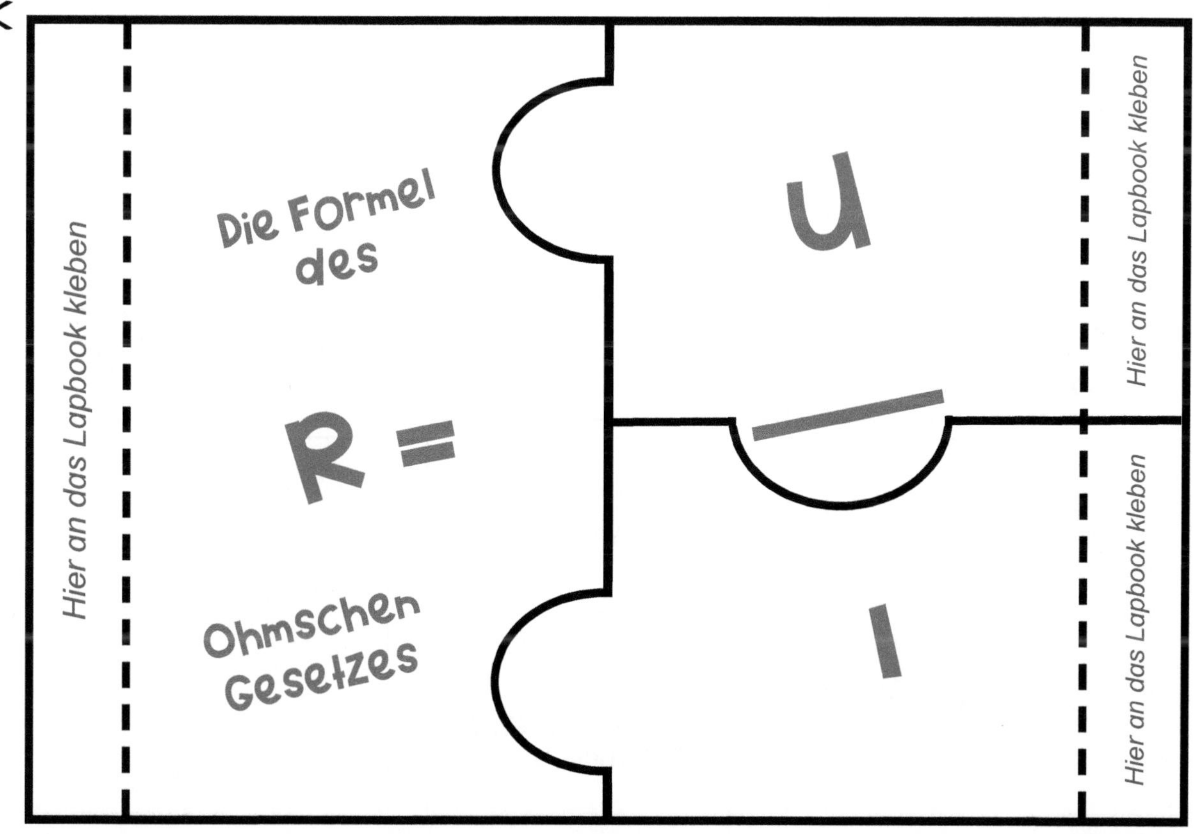

Lösung: R – I – U – Stromstärke – Ampere – Spannung – Volt – Widerstand - Ohm

KOHL VERLAG
Lapbooks im Physikunterricht
Kopiervorlagen für die Sekundarstufe – Bestell-Nr. 12 412

9. Tasche – Gefahren des elektrischen Stroms

Aufgabe 8: a) *Schneide die Rechtecke aus und klebe jeweils 2 zusammen passende mit den Rückseiten aneinander. Ergänze die 6 Infotexte (Lösung ganz unten). Du erhältst 6 Kärtchen zum Einstecken in die Tasche auf der nächsten Seite.*

Nicht berühren oder in der

____

eines Schaltschrankes spielen.

Halte Abstand von elektrischen Anlagen!

Nicht hineingreifen oder

____

hineinstecken.

Nicht mit der Steckdose spielen!

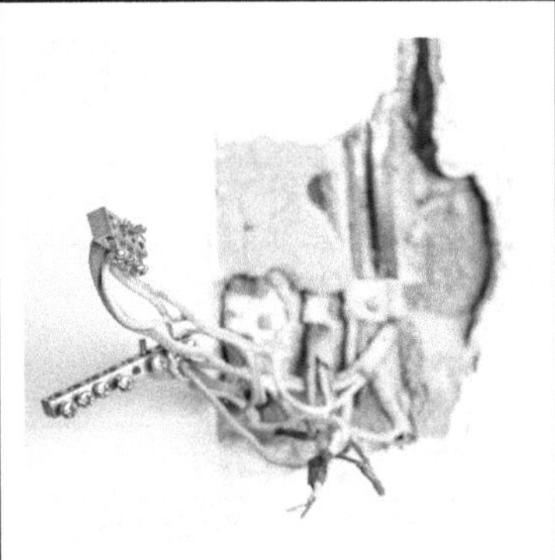

Berührt man eine

____

und hat gleichzeitig einen zur

____

führenden Kontakt, kann das **tödlich** sein.

Beim Drachensteigen auf Hochspannung achten. Die Drachenschnur könnte Strom

____

Hochspannungs-leitungen sind gefährlich!

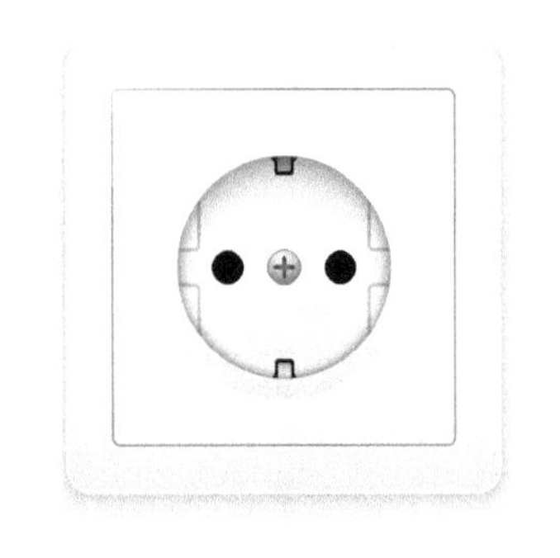

Elektrische Geräte und

____

dürfen nicht zusammen kommen.

In der Badewanne nicht föhnen oder telefonieren!

Kabel oder Kabelenden mit beschädigter oder ohne

____

nicht anfassen!

Defekte Kabel sind gefährlich!

Lösung: Nähe – Gegenstände – Spannungsquelle – Erde – leiten – Wasser – Isolierung

KOHL VERLAG Lapbooks im Physikunterricht

9. Tasche – Gefahren des elektrischen Stroms

Aufgabe 8: **b)** *Schneide die Tasche aus, falte sie an den gestrichelten Linien nach hinten und klebe sie mit den seitlichen Klebelaschen zusammen.*

Gefahren des elektrischen Stroms

Klebelasche

Hier an das Lapbook kleben

Klebelasche

Lapbooks im Physikunterricht
Kopiervorlagen für die Sekundarstufe – Bestell-Nr. 12 412
KOHL VERLAG

Lapbooks Physik • Astronomie

Für das Lapbook **Astronomie** finden sich folgende Kopiervorlagen:

1.) Deckblatt
2.) Blume – Fakten über die Sonne
3.) Tasche – Die inneren Planeten
4.) Tasche – Die äußeren Planeten
5.) Mappe – Wichtige Begriffe
6.) Mäppchen – Der Mond
7.) Pfeil – Geschichte der Raumfahrt

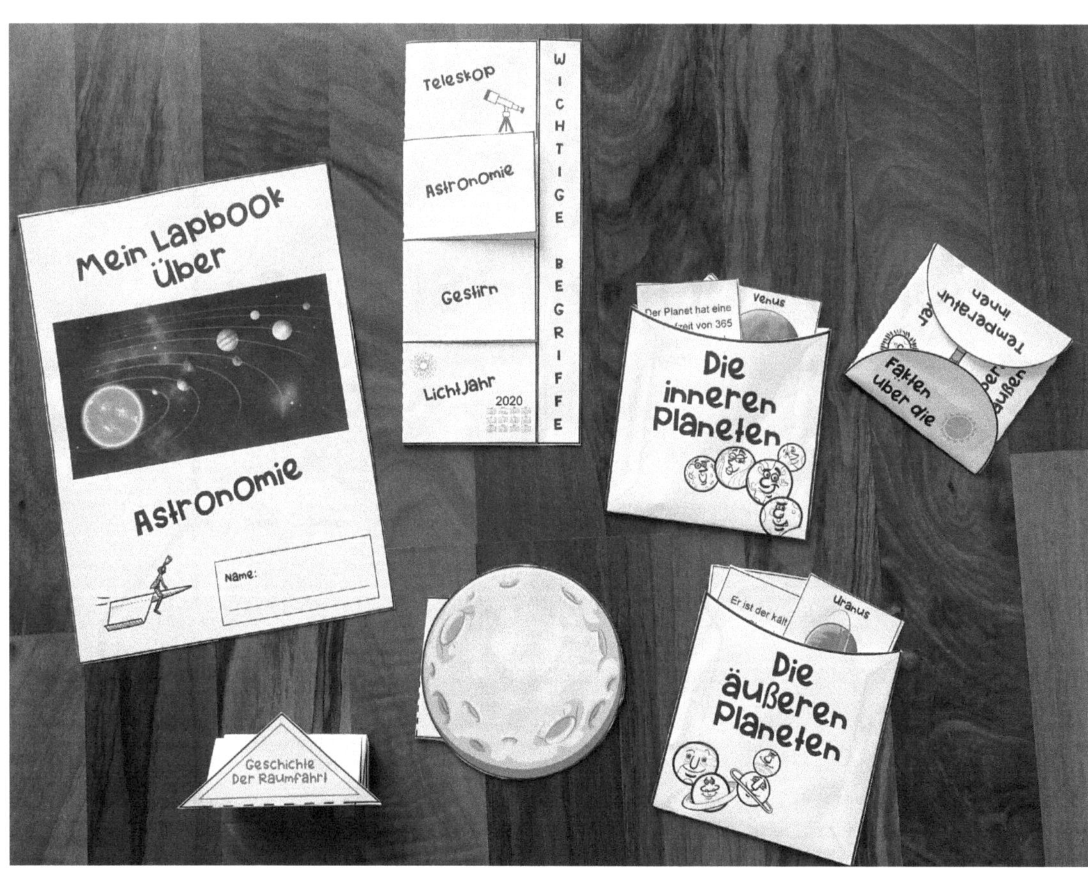

Verwende als Quelle das Internet, dein Physikbuch, das Lexikon oder die Schulbibliothek.

1. Deckblatt

Mein Lapbook über

Astronomie

Name: ______________________

Lapbooks im Physikunterricht
Kopiervorlagen für die Sekundarstufe – Bestell-Nr. 12 412
KOHL VERLAG

2. Blume – Fakten über die Sonne

Aufgabe 1: *Schneide die Blume aus und falte sie an den gestrichelten Linien nach hinten. Klebe die 4 Infotexte jeweils auf die Rückseite hinter den richtigen Begriff und den Text in die Mitte. Ergänze den Text (Lösung ganz unten).*

Die Sonne ist ein ______________

glühender ______________ .

Sie besteht aus ______________

und ______________ .

Genauso wie die anderen Planeten

dreht sich die __________ um die

______________ .

Diese ist ein ______________ .

Temperatur innen:
15,6 Mio. Grad Celsius

Temperatur außen:
5500 Grad Celsius

Position: Zentrum
des Sonnensystems

Alter:
4,6 Milliarden Jahre

Temperatur außen

Fakten über die

Hier an das Lapbook kleben

Temperatur innen

Alter

Lösung: riesiger – Gasball – Wasserstoff – Helium – Erde – Sonne – Fixstern

Lapbooks im Physikunterricht
Kopiervorlagen für die Sekundarstufe – Bestell-Nr. 12 112
KOHL VERLAG

3. Tasche – Die inneren Planeten

Aufgabe 2: a) *Schneide die Quadrate aus und klebe jeweils 2 zueinander passende mit den Rückseiten zusammen. Die letzten 2 gehören zueinander, vervollständige diese beiden (Lösung ganz unten). Du erhältst 10 Kärtchen zum Einstecken in die Tasche auf der nächsten Seite.*

Merkur

Er ist auch als roter Planet bekannt. Dieser Planet hat 2 Monde.

Erde

Er ist der kleinste Planet, hat eine Umlaufzeit von 88 Erdentagen. Er hat keinen Mond.

Venus

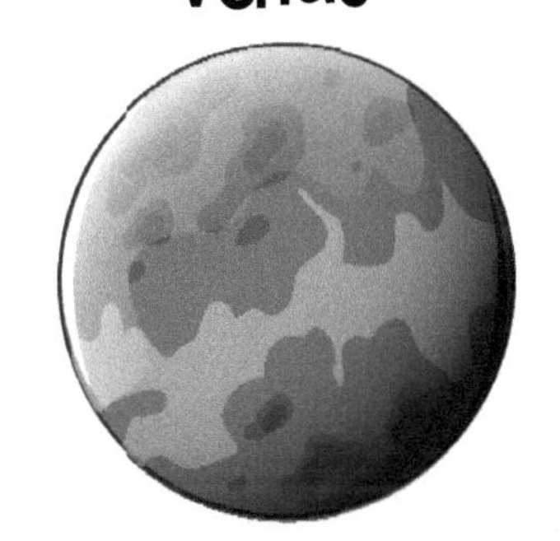

Der Planet ist der hellste und besitzt keinen Mond.

Die inneren Planeten befinden sich innerhalb des ______________________.

Sie besitzen entweder nur ________________ oder ________________ Monde.

Der Planet hat eine Umlaufzeit von 365 Erdentagen und besitzt nur 1 Mond.

Mars

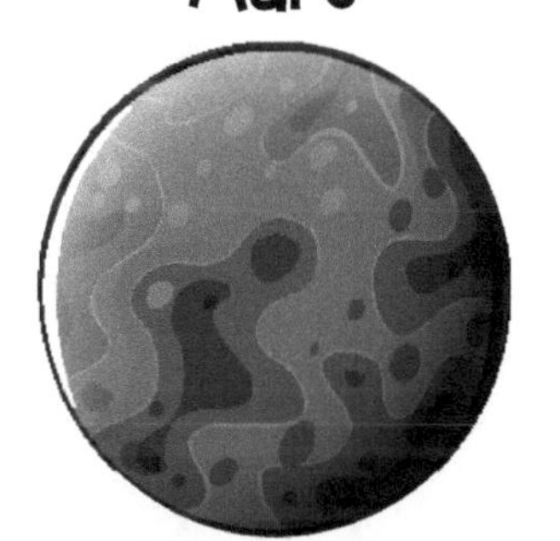

Die inneren Planeten bestehen hauptsächlich aus ______________________.

und sind recht ______________________.

Lösung: Asteroidengürtel – wenige – keine – Gestein – klein

Lapbooks im Physikunterricht
Kopiervorlagen für die Sekundarstufe – Bestell-Nr. 12 412

3. Tasche – Die inneren Planeten

Aufgabe 2: **b)** *Schneide die Tasche aus, falte sie an den gestrichelten Linien nach hinten und klebe sie mit den seitlichen Klebelaschen zusammen.*

Die inneren Planeten

Klebelasche

Hier an das Lapbook kleben

Klebelasche

4. Tasche – Die äußeren Planeten

Aufgabe 3: **a)** *Schneide die Rechtecke aus und klebe jeweils 2 zueinander passende mit den Rückseiten zusammen. Die letzten 2 gehören zueinander, vervollständige diese beiden (Lösung ganz unten). Du erhältst 10 Kärtchen zum Einstecken in die Tasche auf der nächsten Seite.*

Jupiter

Er ist ein blau-grüner Planet.

Er hat 27 Monde.

Uranus

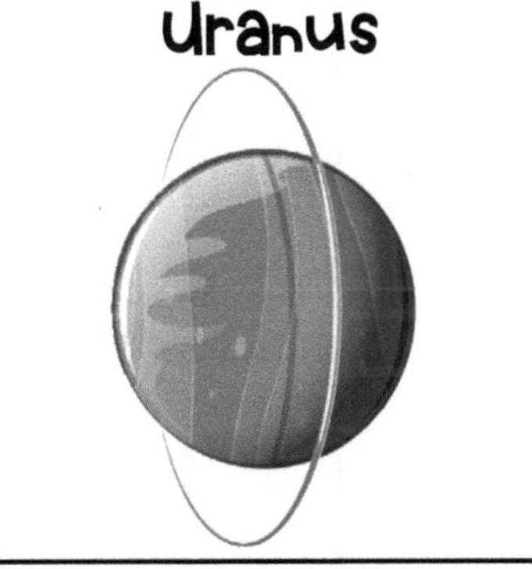

Er ist der kälteste Planet.

Er hat 14 Monde.

Saturn

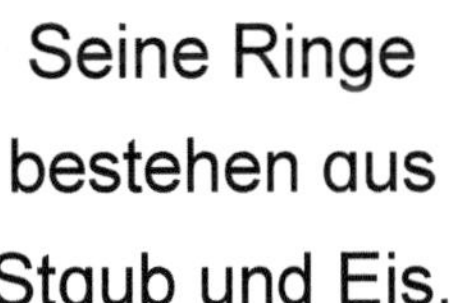

Seine Ringe bestehen aus Staub und Eis.

Er hat 82 Monde.

Die äußeren Planeten befinden sich außerhalb des ____________________.

Sie besitzen ____________________ Monde.

Er ist der größte Planet.

Er hat 79 Monde.

Neptun

Die äußeren Planeten bestehen hauptsächlich aus ____________________

und sind recht ____________________.

Lösung: Asteroidengürtel – viele – Gas – riesig

Lapbooks im Physikunterricht
Kopiervorlagen für die Sekundarstufe – Bestell-Nr. 12 412

4. Tasche – Die äußeren Planeten

Aufgabe 3: **b)** *Schneide die Tasche aus, falte sie an den gestrichelten Linien nach hinten und klebe sie mit den seitlichen Klebelaschen zusammen.*

Die äußeren Planeten

Klebelasche

Hier an das Lapbook kleben

Klebelasche

5. Mappe – Wichtige Begriffe

Aufgabe 4: *Schneide die Mappe auf der nächsten Seite aus (mit 4 einzelnen Klappen!) und falte sie an der gestrichelten Linie nach hinten. Klebe den langen Balken ganz rechts auf die Mappe. Ergänze die 4 Infotexte (Lösung ganz unten) und klebe sie jeweils links neben den Balken.*

Es ist ein

____

zur Beobachtung des Weltalls.

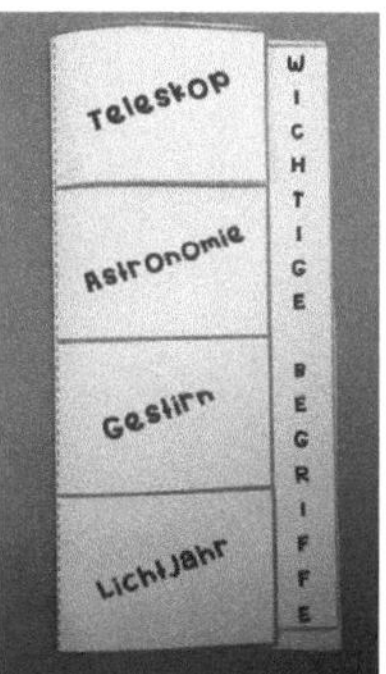

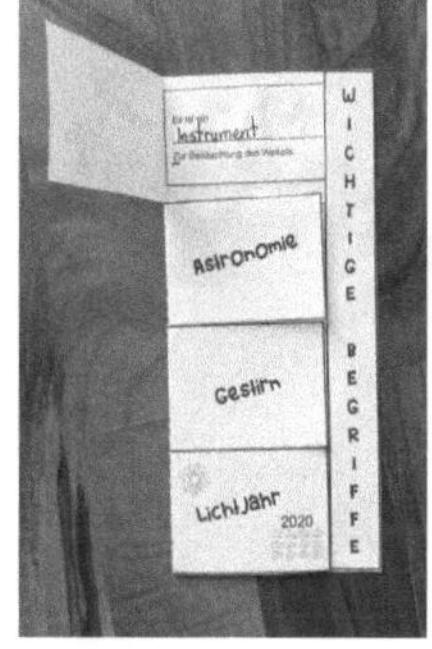

Sie ist die Wissenschaft von den

____________________, dem

__________, den Eigenschaften, der

Entstehung und der Entwicklung der

Gestirne.

Das ist ein Sammelbegriff für alle

____

Himmelskörper. Zum Beispiel

Planeten, Satelliten und Sterne.

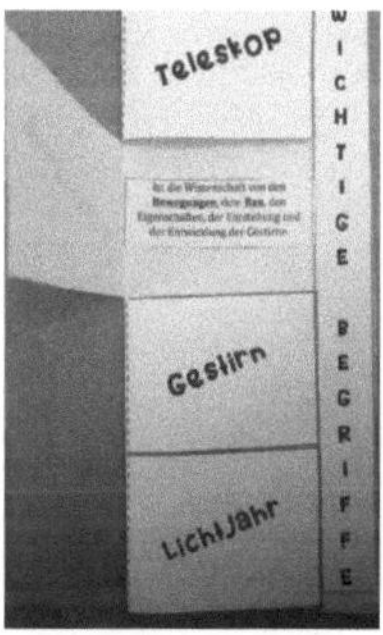

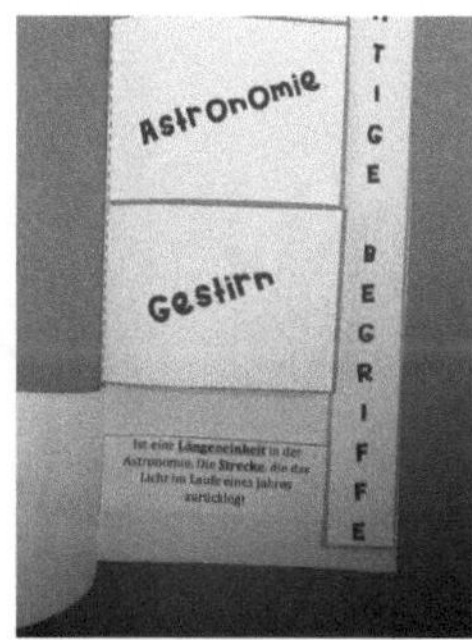

Es ist eine ________________

in der Astronomie. Die

____________________,

die das Licht im Laufe eines Jahres

zurücklegt.

W I C H T I G E B E G R I F F E

Lösung: Instrument – Bewegungen – Aufbau – beobachtbaren – Längeneinheit – Strecke

5. Mappe – Wichtige Begriffe

Hier an das Lapbook kleben

Teleskop

Astronomie

Gestirn

Lichtjahr

2020

6. Mäppchen – Der Mond

Aufgabe 5: *Schneide das Mäppchen aus, falte es an der gestrichelten Linie nach hinten und klebe es mit der linken Klebelasche an das Lapbook. Ergänze den Infotext (Lösung ganz unten) und klebe ihn links auf die Klebelasche. Die Überschrift kommt auf die Rückseite des Mondes.*

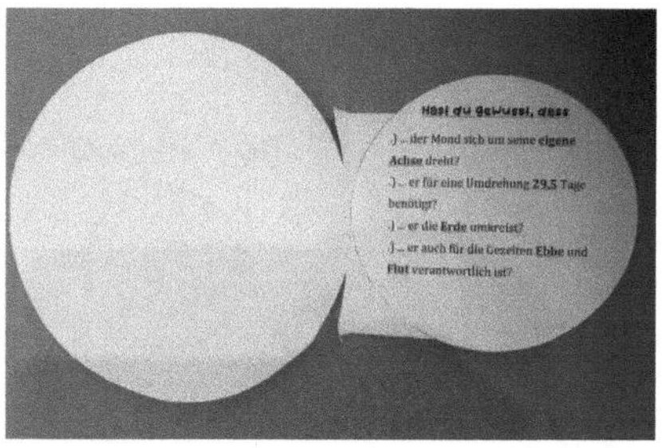

Der Mond dreht sich um seine

______________________.

Dabei benötigt er für eine Umdrehung

__________ Tage.

Zusätzlich umkreist er die ______________.

Dabei benötigt er für eine Umdrehung

________ Tage. Er ist auch für die Gezeiten

__________ und __________

verantwortlich.

Der Mond

Hier an das Lapbook kleben

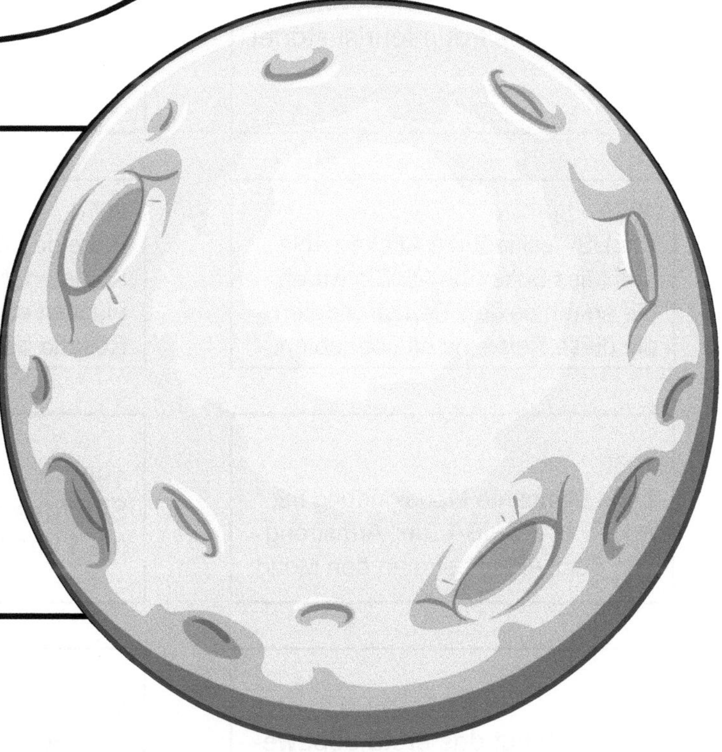

Lösung: eigene Achse – 29,5 – Erde – 29,5 – Ebbe – Flut

KOHL VERLAG Lapbooks im Physikunterricht Kopiervorlagen für die Sekundarstufe – Bestell-Nr. 12 412

7. Pfeil – Geschichte der Raumfahrt

Aufgabe 6: *Schneide den Pfeil (nächste Seite) und das Stück daneben aus, das mit der Klebelasche unten an den Pfeil geklebt wird. Knicke die oberste gestrichelte Linie (unter der Spitze) nach hinten, die nächste nach vorn und so weiter (Ziehharmonika). Schneide die Textfelder aus und klebe sie in der richtigen zeitlichen Reihenfolge auf den Pfeil.*

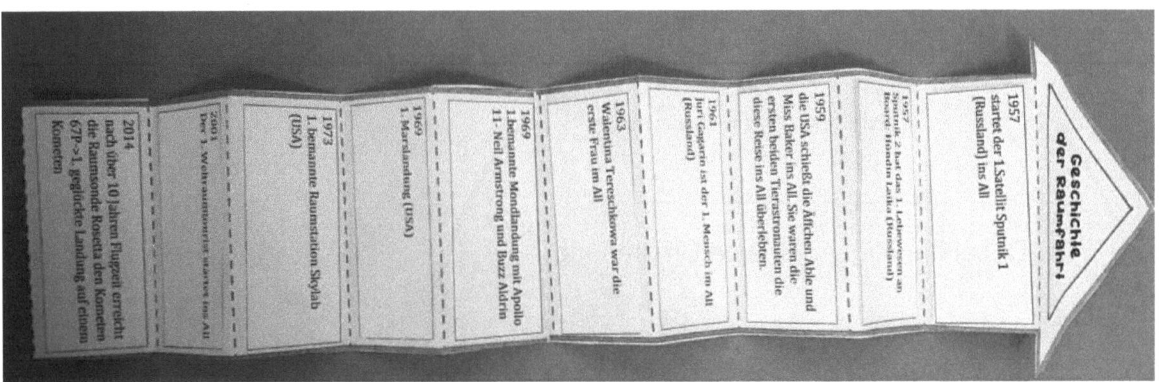

1973 Erste bemannte Raumstation Skylab der USA.	1969 Erste Marslandung der USA.
2001 Der erste Weltraumtourist startet ins All.	1963 Walentina Tereschkowa aus Russland war die erste Frau im All.
1959 Die USA schießt die Äffchen Able und Miss Baker ins All. Sie waren die ersten beiden Tierastronauten, die diese Reise ins All überlebten.	2014 Erste geglückte Landung auf einem Kometen. Nach über 10 Jahren Flugzeit erreicht die Raumsonde Rosetta den Kometen 67P.
1969 Erste bemannte Mondlandung mit Apollo 11 der USA. Neil Armstrong und Buzz Aldrin betreten den Mond.	1957 Start des ersten Satelliten Sputnik 1 von Russland ins All.
1957 Sputnik 2 hat das erste Lebewesen an Bord, die Hündin Laika aus Russland.	1961 Juri Gagarin aus Russland ist der erste Mensch im All.

7. Pfeil – Geschichte der Raumfahrt

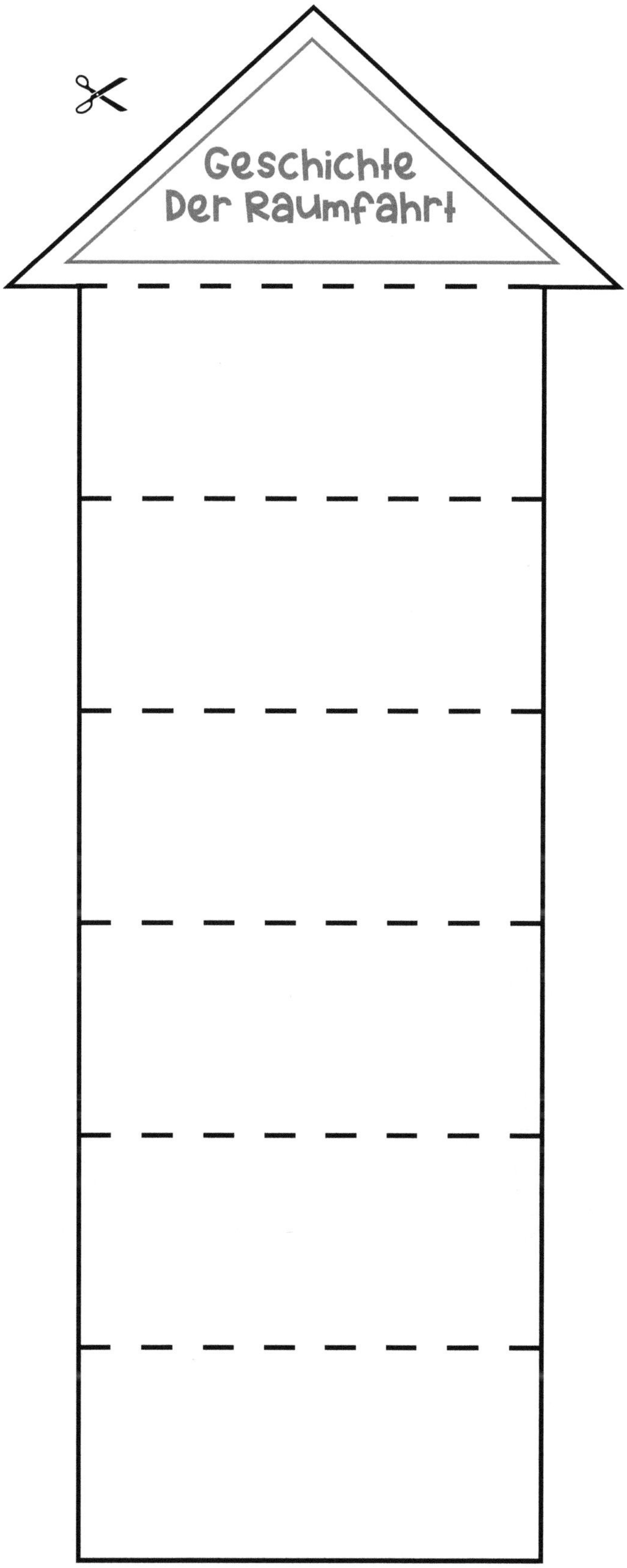

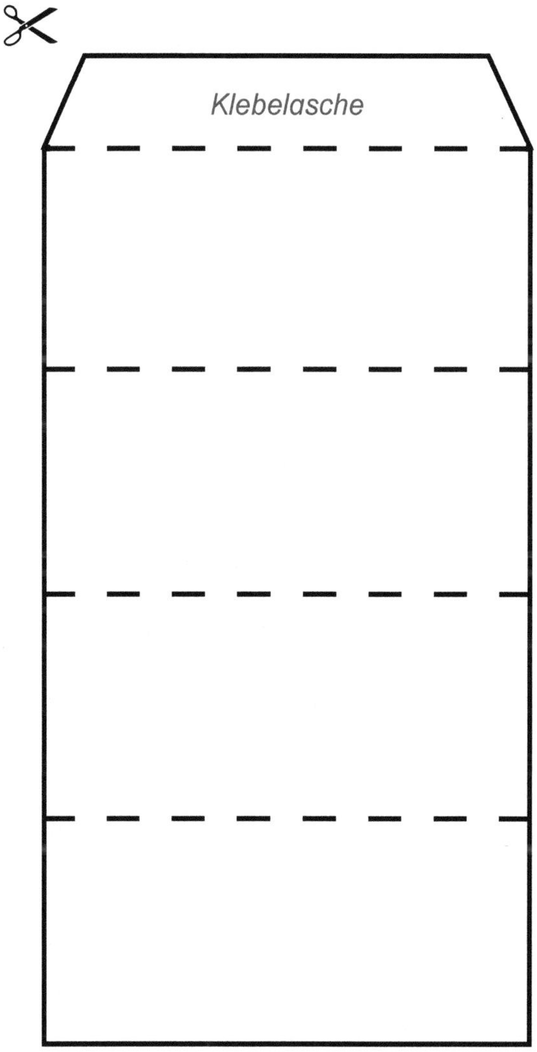

Geschichte
Der Raumfahrt

Klebelasche

Lapbooks im Physikunterricht
Kopiervorlagen für die Sekundarstufe – Bestell-Nr. 12 412
KOHL VERLAG

Für das Lapbook **Radioaktivität** finden sich folgende Kopiervorlagen:

1.) Deckblatt
2.) Mappe – Wichtige Begriffe
3.) Mappe – Arten radioaktiver Strahlung
4.) Fahnenstapel – Fakten: „Wusstest du ...?“
5.) Mäppchen – Kernkraftwerk
6.) Tasche – Radioaktive Elemente
7.) Mappe – Wer entdeckte radioaktive Elemente?

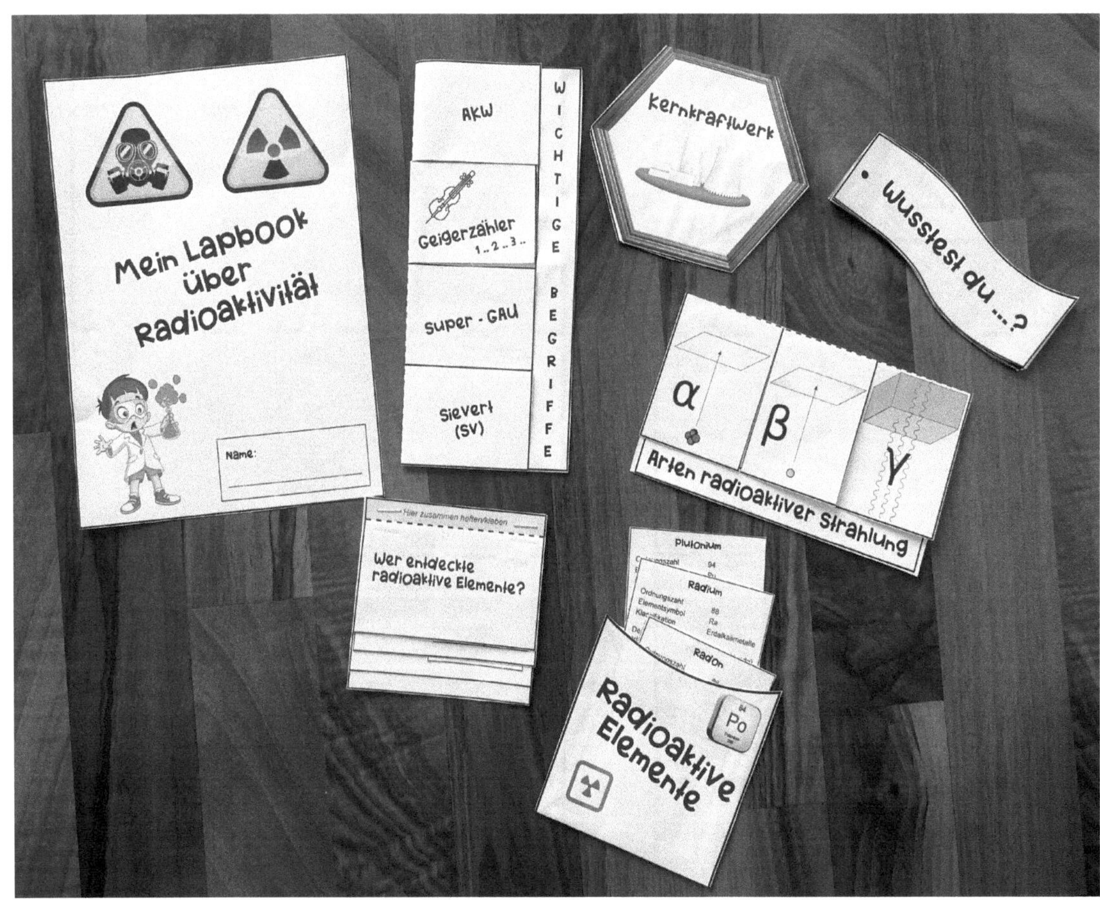

Verwende als Quelle das Internet, dein Physikbuch, das Lexikon oder die Schulbibliothek.

KOHL VERLAG
Lapbooks im Physikunterricht
Kopiervorlagen für die Sekundarstufe ■ Bestell-Nr. 12 412

1. Deckblatt

Mein Lapbook über Radioaktivität

Name:

____

KOHL VERLAG Lapbooks im Physikunterricht
Kopiervorlagen für die Sekundarstufe – Bestell-Nr. 12 412

2. Mappe – Wichtige Begriffe

Aufgabe 1: *Schneide die Mappe auf der nächsten Seite aus (mit 4 einzelnen Klappen!) und falte sie an der gestrichelten Linie nach hinten. Klebe den langen Balken ganz rechts auf die Mappe. Ergänze die 4 Infotexte (Lösung ganz unten) und klebe sie jeweils links neben den Balken.*

____

Dort wird der Strom mit Hilfe von Brennstäben aus radioaktivem Material erzeugt.
Die Energie wird durch Spaltung von Atomkernen gewonnen.

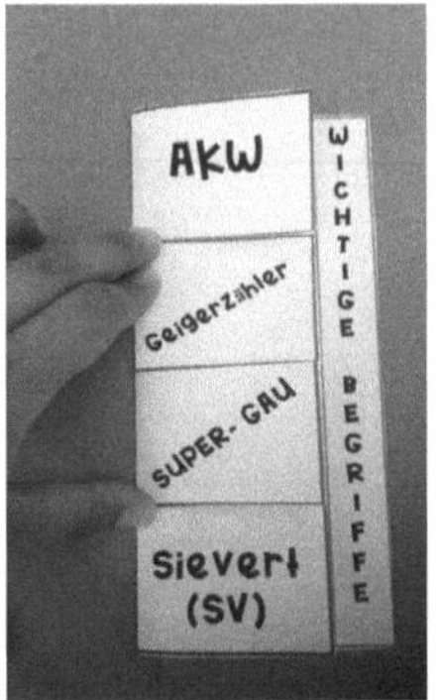

Das ist ein

____

zum Messen radioaktiver Strahlen. 1928 von Johannes Geiger erfunden.

Das ist eine

____

(wie z. B. in Tschernobyl), d. h. ein schwerer Atomunfall in einem Atomkraftwerk mit massiver Freisetzung von Radioaktivität.

So bezeichnet man die

____

für verschieden hohe Strahlendosen.

W I C H T I G E B E G R I F F E

Lösung: Atomkraftwerk – Gerät – Atomkatastrophe – Maßeinheit

2. Mappe – Wichtige Begriffe

Hier an das Lapbook kleben

AKW

Geigerzähler
1 .. 2 .. 3 ..

Super-GAU

Sievert
(SV)

KOHL VERLAG Lapbooks im Physikunterricht
Kopiervorlagen für die Sekundarstufe – Bestell-Nr. 12 412

3. Mappe – Arten radioaktiver Strahlung

Aufgabe 2: *Schneide die Mappe auf der nächsten Seite aus (mit 3 einzelnen Klappen!) und falte sie an der gestrichelten Linie nach hinten. Klebe den langen Balken ganz unten auf die Mappe. Ergänze die 3 Infotexte (Lösung ganz unten) und klebe sie jeweils passend oberhalb des Balkens ein.*

Alpha-Strahlen

bestehen aus

____

geladenen

____

Abschirmung:

____

Beta-Strahlen

bestehen aus

____

geladenen

____

Abschirmung:

____

oder 100 Blatt Papier

Gamma-Strahlen

bestehen aus

____

Wellen.

Abschirmung:

Sehr dicke Wände aus

____

oder ____________________

α

β

γ

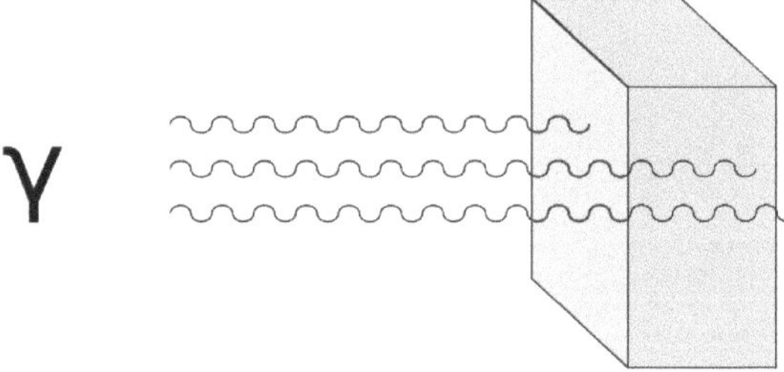

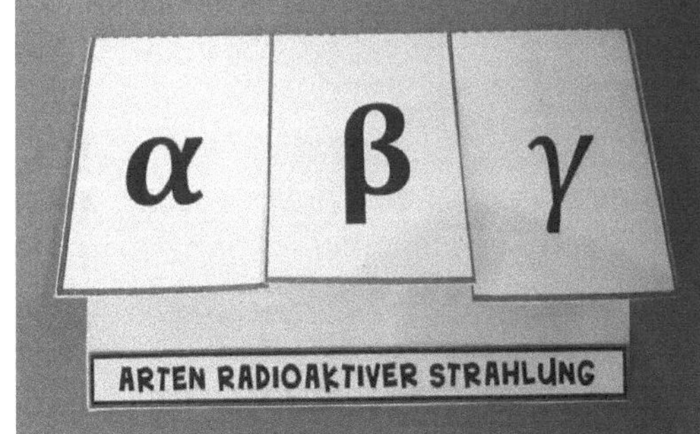

Arten radioaktiver Strahlung

Lösung: positiv – Heliumkernen – 1 Blatt Papier – negativ – Elektronen
Dünnes Alminiumblech – elektromagnetischen – Beton – Blei

3. Mappe – Arten radioaktiver Strahlung

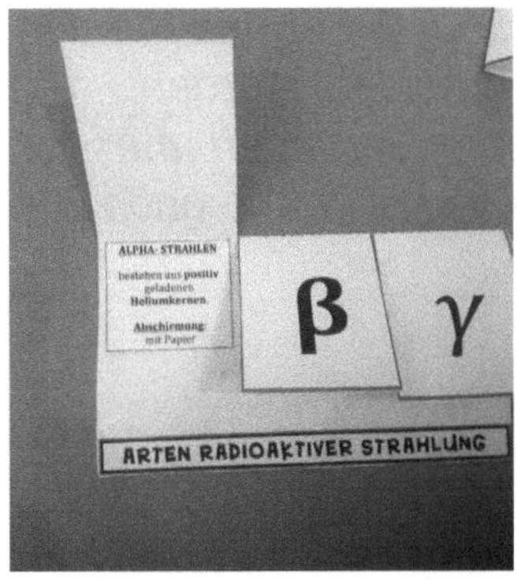

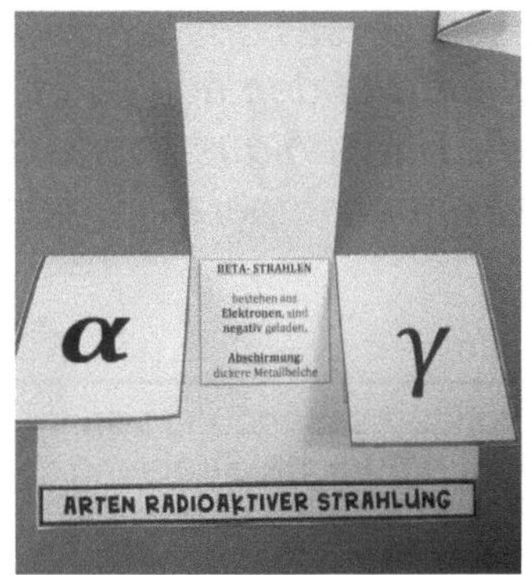

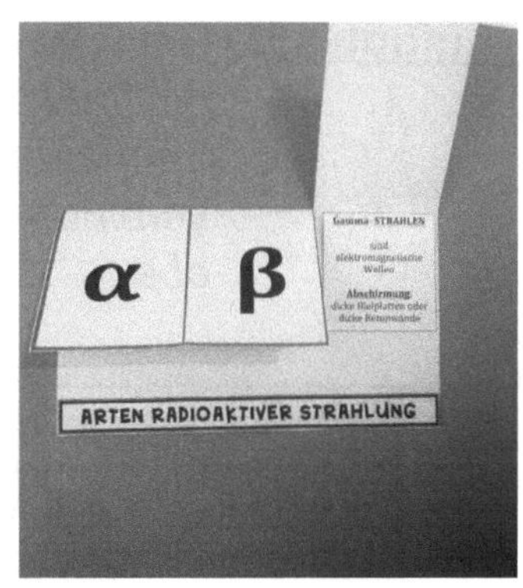

Hier an das Lapbook kleben

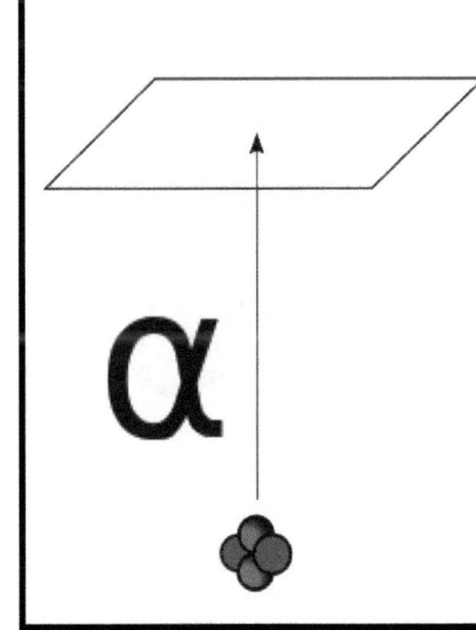

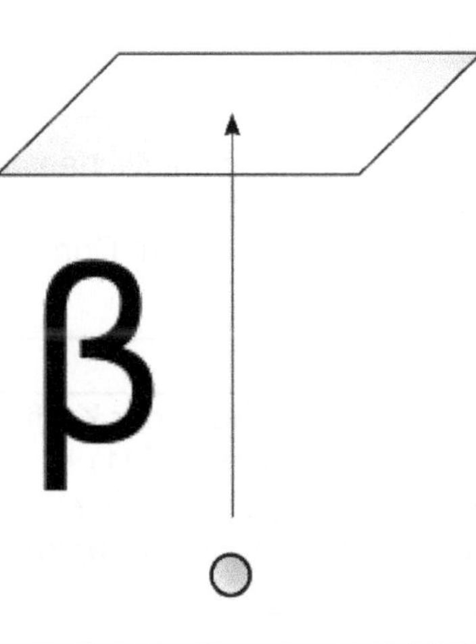

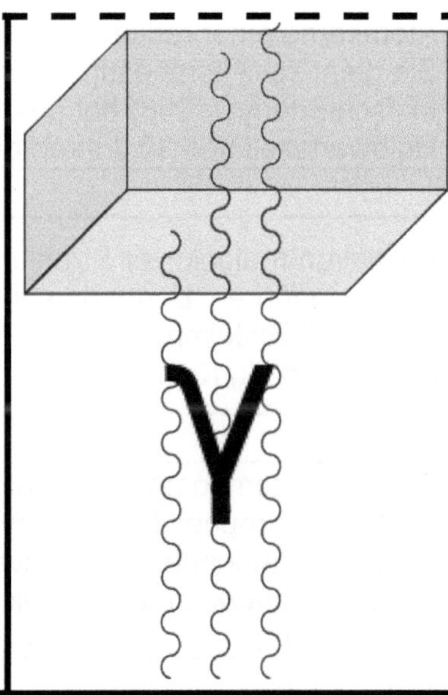

Lapbooks im Physikunterricht
Kopiervorlagen für die Sekundarstufe – Bestell-Nr. 12 412

4. Fahnenstapel – Fakten: „Wusstest du ...?“

Aufgabe 3: *Die 7 Texte müssen jeweils ausgeschnitten und auf die Fahne mit der richtigen Überschrift (auf den nächsten 2 Seiten) geklebt werden. Schneide dann die Fahnen aus, loche die Kreismarkierungen und verbinde so den Fahnenstapel mit einer Splinte (erste Fahne nach oben).*

Radioaktivität bedeutet die selbsttätige Aussendung von Strahlen aus dem Atomkern. Es gibt natürliche Strahlung (aus dem Boden und dem Weltall ...) und künstliche.
Bei der Aussendung von radioaktiver Strahlung wandeln sich die Elemente in andere Elemente um.

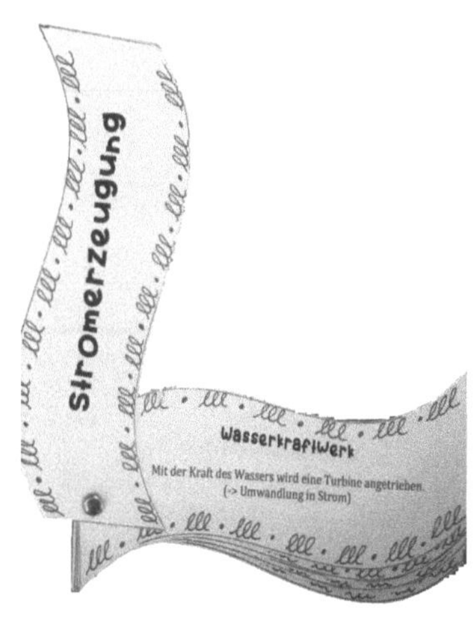

Radioaktive Isotope werden in der Medizin (Untersuchungen, Krebstherapie), in der Landwirtschaft (Züchtungen, Konservieren von Lebensmitteln) und in der Technik (Auffinden von Materialfehlern, Untersuchung von Abnutzung, Archäologie, ...) vielfältig verwendet.

Radioaktive Strahlung ist zwar unsichtbar, sie kann aber mit Strahlungsmessgeräten nachgewiesen werden. (Dosimeter, Geigerzähler, Spinthariskop ...) Die Strahlendosis wird in Sievert (Sv) gemessen.

Durch natürliche Strahlung erhält ein Mensch in Deutschland eine Strahlenbelastung von 2,4 Millisievert pro Jahr. Laut Strahlenschutz-Verordnung darf noch die Dosis von 1 Millisievert dazu kommen, z. B. durch Röntgenbestrahlung.

Die Halbwertszeit T ist jene Zeit, innerhalb der die Hälfte aller Atomkerne einer radioaktiven Substanz zerfallen ist.
Sie dient zur Altersbestimmung in der Archäologie.
In Tschernobyl (1986) hat das Cäsium-Isotop die Halbwertszeit von 30 Jahren erreicht.

Zu viel an radioaktiver Strahlung kann zu gesundheitlichen Schäden führen. Besonders strahlenempfindlich sind: Haut und Schleimhäute, Schilddrüse, Lunge, Magen, Darm, Knochenmark, Keimdrüsen ....

Bei einer Atombombe (Hiroshima 1945) oder bei einer Kraftwerkskatastrophe (Tschernobyl 1986, Fukushima 2011) werden sogenannte radioaktive Nuklide freigesetzt. Eine allgemein anerkannte Statistik über weltweite Strahlenopfer gibt es nicht.

4. Fahnenstapel – Fakten: „Wusstest du ...?“

Wusstest du ...?

Was heißt radioaktiv?

Verwendung

Strahlenmessung

4. Fahnenstapel – Fakten: „Wusstest du ...?“

Strahlenbelastung

Halbwertszeit

Gesundheit

Katastrophe

KOHL VERLAG
Lapbooks im Physikunterricht
Kopiervorlagen für die Sekundarstufe • Bestell-Nr. 12 413

5. Mäppchen – Kernkraftwerk

Aufgabe 4: *Schneide das Mäppchen auf der nächsten Seite aus und falte es an der gestrichelten Linie nach hinten. Ergänze die 2 Infotexte (Lösung ganz unten) und klebe sie jeweils auf die Rückseite oben und unten.*

✂

Was passiert im Kernkraftwerk?

1) Durch kontrollierte Spaltung von spaltbarem Material entstehen sich sehr schnell bewegende Teile.
2) Beim Abbremsen der Teile wird Wasser erhitzt zu Dampf.
3) Der Wasserdampf treibt eine sich drehende Turbine an.
4) Ein Generator erzeugt aus dieser Drehbewegung Strom.

Wegen 2) nennt man ein AKW auch

____

Durch 1) - 4) wird insgesamt die Energie im

____________ in ____________

Energie umgewandelt.

Brennstoff =

______________________ Material:
Uran 235 oder Uran 238

Kraftwerksarten:

Siedewasserreaktor oder Druckwasserreaktor

Vorteile eines AKW:
Billige Produktion von ______________.

Geringe Umweltbelastung durch ______________.

Nachteile eines AKW:
Radioaktive Strahlung bei einem

______________________.

Lagerung des ______________

Atommülls.

Lösung: Wärmekraftwerk – Atomkern – elektrische – spaltbares – Strom – Abgase – Reaktorunfall – radioaktiven

5. Mäppchen – Kernkraftwerk

Hier an das Lapbook kleben

Kernkraftwerk

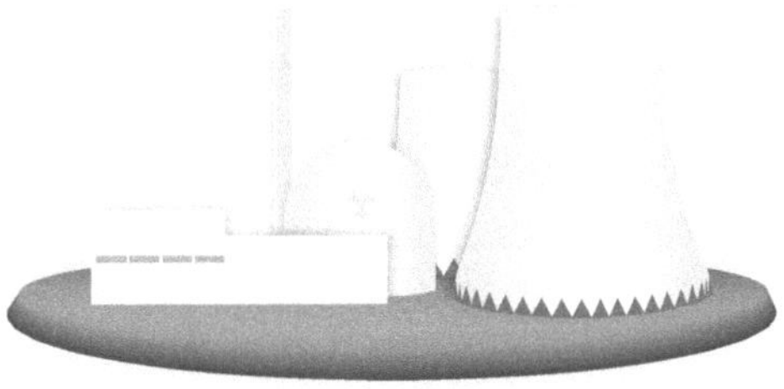

6. Tasche – Radioaktive Elemente

Aufgabe 5: **a)** *Schneide die Kärtchen für die Tasche (nächste Seite) aus.*

Radon

Ordnungszahl	86
Elementsymbol	Rn
Klassifikation	Edelgase

Radon kann sich in Häusern in schlecht belüfteten Räumen ansammeln. Eine Wirkung auf das Immunsystem kann man nicht wissenschaftlich nachweisen.

Radium

Ordnungszahl	88
Elementsymbol	Ra
Klassifikation	Erdalkalimetalle

Den Namen Radium (= das Strahlende) erhielt es wegen seiner starken Strahlung. Früher in der Krebstherapie und in Leuchtziffern-Uhren eingesetzt.

Plutonium

Ordnungszahl	94
Elementsymbol	Pu
Klassifikation	Actinoide

Wird als Energiequelle von Raumstationen verwendet und wurde als Spaltmaterial der Atombombe 1945 in Nagasaki abgeworfen.1940 wurde das Element entdeckt und nach dem Zwergplaneten Pluto benannt.

Polonium

Ordnungszahl	84
Elementsymbol	Po
Klassifikation	Chalkogene

In Uranerz und Tabak enthalten. Nach Polen, dem Heimatland der Entdeckerin Marie Curie benannt.

Lapbooks im Physikunterricht
Kopiervorlagen für die Sekundarstufe – Bestell-Nr. 12 412
KOHL VERLAG

6. Tasche – Radioaktive Elemente

Aufgabe 5: **b)** *Schneide die Tasche aus, falte sie an den gestrichelten Linien nach hinten und klebe sie mit den seitlichen Klebelaschen zusammen.*

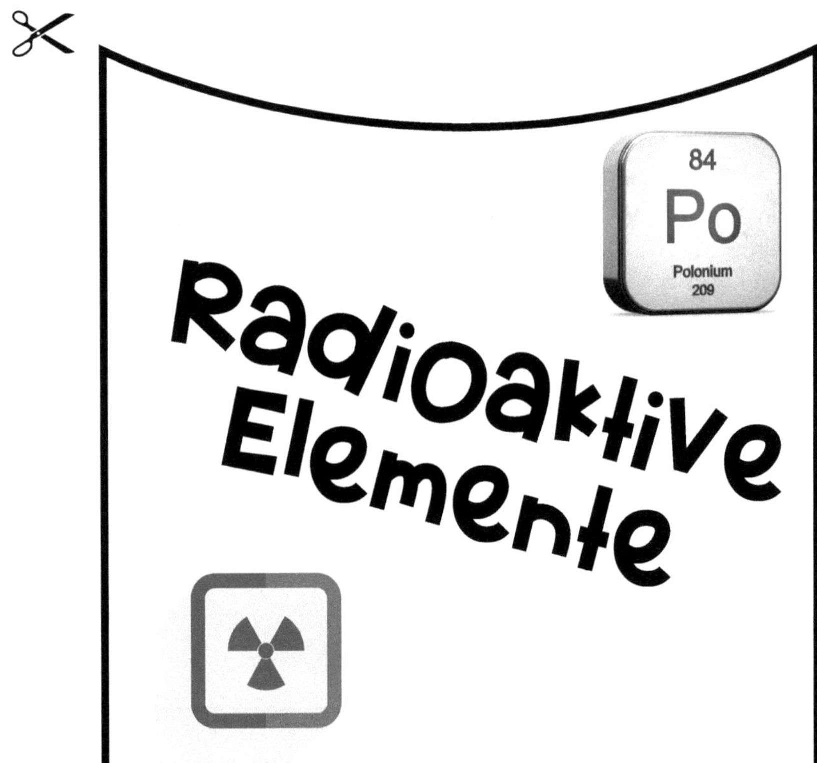

Klebelasche

Hier an das Lapbook kleben

Klebelasche

KOHL VERLAG Lapbooks im Physikunterricht
Kopiervorlagen für die Sekundarstufe – Bestell-Nr. 12 412

7. Mappe – Wer entdeckte radioaktive Elemente?

Aufgabe 6: *Schneide die 4 Rechtecke auf der nächsten Seite aus und knicke sie jeweils an der gestrichelten Linie nur ein wenig nach vorn. Lege sie nach der Größe (klein oben) aufeinander und hefte (oder klebe) sie oben bündig am schmalen Balken zusammen. Schneide dann die 3 Infotexte aus und klebe sie jeweils rechts neben das passende Foto.*

Die Radioaktivität wurde 1896 vom französischen Physiker **Antoine Henri Becquerel** entdeckt.
Becquerel hatte einen Uranerzbrocken auf eine verpackte Fotoplatte gelegt. Nach dem Entwickeln waren die Umrisse dieses Gesteins auf der Platte zu sehen.
Vom Uranerz geht also eine unsichtbare Strahlung aus.

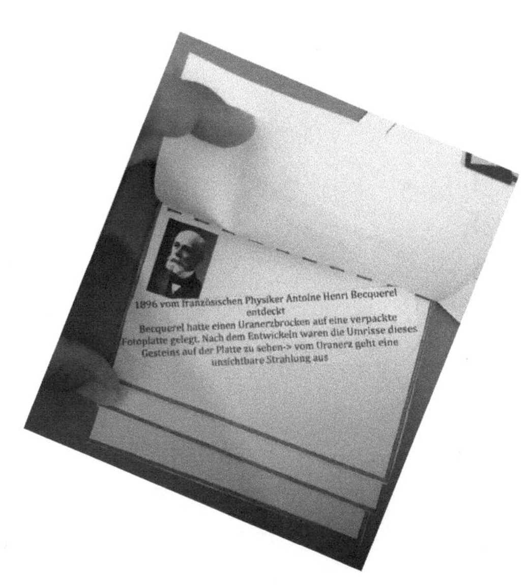

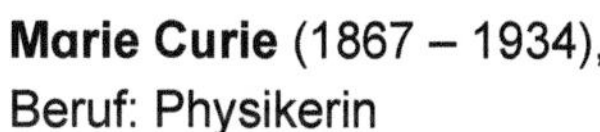

Marie Curie (1867 – 1934),
Beruf: Physikerin

Für ihre Doktorarbeit untersuchte sie bei anderen Elementen die natürliche Strahlung, bis sie beim chemischen Element **Polonium** fündig wurde.
1903 erhielt sie als erste Frau den Nobelpreis für Physik und 1911 bekam sie den Nobelpreis für Chemie.

Pierre Curie (1859 – 1906)
Er und seine Frau Marie Curie erforschten radioaktive Elemente. Sie entdeckten die Elemente **Polonium** und **Radium.**
1903 erhielten die Curies gemeinsam mit Henri Becquerel den Nobelpreis für Physik.

Lapbooks im Physikunterricht
Kopiervorlagen für die Sekundarstufe – Bestell-Nr. 12 412

7. Mappe – Wer entdeckte radioaktive Elemente?

Hier zusammen heften/kleben

Hier zusammen heften/kleben

Hier zusammen heften/kleben

Wer entdeckte radioaktive Elemente?

Hier zusammen heften/kleben